JN032759

STARTUP VALUATION

スタートアップ・バリュエーション

起業家・投資家間交渉の基礎となる
価値評価理論と技法

アルファフィナンシャルエキスパーツ

池谷 誠 ［著］

中央経済社

はじめに

　スタートアップ企業への期待が高まっている。日本におけるスタートアップ投資は件数，規模の両面で近年大きく成長しており，様々なタイプの投資家が参加する市場が形成されつつある。政府による「スタートアップ育成5か年計画」は，5年後の2027年度に市場規模を現在の10倍以上の10兆円規模へ拡大させ，スタートアップを10万社，そのうちユニコーン（時価総額1,000億円超の未上場企業）を100社創出することを目指している。

　スタートアップ企業を取り巻く市場が拡大するにつれて，様々な資金調達手段が導入されてきた。成熟した企業と比べてリスクの高いスタートアップ企業への投資を可能とするため，普通株だけでなく，優先株やコンバーティブルエクイティ（J-KISS），新株予約権付融資など，リスクを一定程度抑制する，あるいはリスクの見合いとしてのリターンを得られるような工夫が組み込まれたスキームの利用が広がっている。これらの資金調達手段を解説した書籍や文献も数多く発表されている。

　しかし，スタートアップ企業やその資本をどのように評価すべきか，という点については，必ずしも十分な理解が得られている状況ではない。その主な理由は，スタートアップ企業の評価について数多くの「壁」が存在するからである。スタートアップ企業の多くは売上や利益が存在しない，あるいは限定的な実績しかない。また，成熟企業と比べ，将来の成長シナリオやリスクの構造も複雑である。さらに，優先株などスタートアップ特有の資金調達手段の評価のためにはオプションプライシングモデルなど特別なアプローチも必要とされる。そのような課題がある中で，資金調達規模が比較的小規模な場合，バリュエーションに対して使用できるリソース（費用や労力）も限られる。したがって，多くのケースで簡易的手法が採用されているし，価格交渉の局面において投資家や起業家の経験的，主観的な判断に頼ることも多いと思われる。

　本書の目的は，スタートアップ企業のバリュエーションについて，当事者となる起業家と投資家の理解を助けることにある。資金調達ラウンドの交渉において，スタートアップ企業の起業家が自社の技術やビジネスモデルについて絶対の自信を持っていたとしても，それらに基づく企業価値がどの程度かについて数字に基づく明確な理解がなければ，有利な交渉ポジションを得られないだろう。投資家にとっても，起業家が語るストーリーが夢物語ではなく，現実性を有するとしても，どれほどの経済価値を持つかについて基礎となる理解がなければ，投資の機会を逸する，あるいは，過大な対価を支払う結果となるだろう。

　このような課題はかねてから認識されており，経産省の報告書[1]においても，M&A交渉の際，スタートアップと買収企業の間ではバリュエーションにおける目線の相違が生じやすいとしている。同報告書は，その原因が主に事業計画に対する両者の認識の相違であるとしているが，本書では事業計画以外にも様々な概念的，技術的な課題があることを明らかにしていく。

　良質なバリュエーションは，スタートアップ企業の価値について起業家と投資家が共有できる情報を提供し，両者の交渉の架け橋となりうる。もちろん，起業家と投資家それぞれが実施したバリュエーションの結果が異なる場合もあるし，価値についての意見が簡単に一致するわけではないが，バリュエーションの枠組みがあれば，少なくとも合理的な議論の土台を共有することができ，単なる駆け引きだけの交渉を回避することができる。

　スタートアップ企業のバリュエーションは，一般的な企業のそれと比べて困難な面があり，評価技法としても複雑で高度な内容を扱うことが多い。したがって，本書におけるバリュエーションの議論は専門的な内容を多く含んでいるが，スタートアップ企業の起業家や投資家が取引相手や第三者評価機関によるバリュエーションレポートを手にした際，本書がバリュエーション上の論点について理解し，価値や価格についての議論や交渉の質を深めるための一助と

1　経済産業省「大企業×スタートアップのM&Aに関する調査報告書」2021年3月。

なることを期待している。

　本書では，第1章において，まずわが国のスタートアップ企業の資金調達手段や市場の概況について，最近の動向を踏まえ整理する。第2章では，バリュエーションの前提となる価値の定義や基準，バリュエーションの目的，スタートアップ企業に係るバリュエーションの特徴などについて解説する。第3章においては，具体的な評価手法として，シードステージやアーリーステージの企業について利用されることの多いスコアリングカード法やベンチャーキャピタル・メソッドなど簡易的な手法について紹介する。第4章，第5章，第6章はそれぞれマーケットアプローチ，インカムアプローチ，ネットアセットアプローチについての解説である。特にインカムアプローチについては，事業計画の作成からフリーキャッシュフローの見積り，割引率の計算に至るまで，一般的な企業の場合と比べてスタートアップ企業の評価技法がどのように異なるか，詳細な議論を試みている。第7章においては，オプションプライシング法（OPM）について解説する。OPMはスタートアップ企業の資金調達手段である優先株の評価において利用可能な手法であるが，同章ではJ-KISSなどコンバーティブルエクイティや新株予約権付融資など近年発達してきたスキームに対しても応用可能であることを述べている。

　最後に，中央経済社の坂部秀治氏には，筆者が十分気づいていなかった本書のテーマの重要性を提示していただき，企画段階から有用な示唆をいただいた。深く感謝している。

2023年11月

池谷　誠

CONTENTS

第4章　マーケットアプローチ

第5章　インカムアプローチ

第6章　ネットアセットアプローチ

第7章 オプションプライシング法（OPM）

## 第 1 章

わが国における
スタートアップ企業の状況

第1節　スタートアップ企業の定義と事業ステージ

　人間と同様，企業も誕生して成長し，成熟期を経てやがて衰退していく。ス
タートアップ企業とはこのような企業のライフサイクルのうち，創業からIPO
など一定の段階に至るまでのステージの企業を指す。さらに，スタートアップ
企業の事業ステージはいくつかの段階に区分される。本書においては，一般財
団法人ベンチャーエンタープライズセンター（VEC）の定義に基づく4区分，
すなわち①シード，②アーリー，③エクスパンション，④レイターという区分
を使用するが，その他，いくつかの呼び方がある。なお，本書ではライフス
テージの区分にかかわらず，おおむねIPOに至るまでの創業から間もない企業
一般についてスタートアップ企業と呼ぶ。

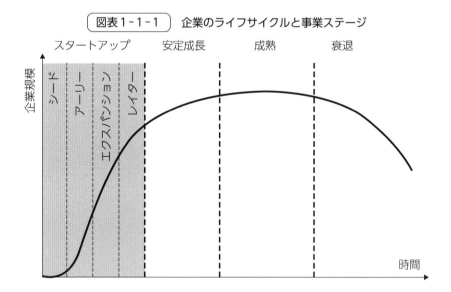

図表1-1-1　企業のライフサイクルと事業ステージ

　企業がこのようなライフサイクルの中のどのような事業ステージに位置して
いるかは，バリュエーションの観点からは重要な意味を持つ。事業ステージご

とに成長とリスクの前提が異なるためであるが，詳細については次章以降で解説していく。また，事業ステージごとに成長とリスクの前提が異なることにより，投資家の特徴も変わってくる。一般的に，未だ研究開発の途上にあるシードステージの企業への投資はハイリスクであるため，家族や友人からの借入れ（ファミリーローン）やリスク管理が可能な一部の投資家に限られ，資金調達の規模も小粒である。事業が立ち上がりつつあるアーリーステージの企業へは，エンジェル投資家およびベンチャーキャピタル（VC）が資金供給を行っている。さらに，エクスパンション，レイターの段階にある企業へはVCに加えて，コーポレートベンチャーキャピタル（CVC）などの戦略的投資家からの投資を集めることも可能となり，資金調達の規模も比較的大きなものとなる。

図表1-1-2　スタートアップ企業の事業ステージ

ステージ	概要
シード	商業的事業がまだ完全に立ち上がっておらず，研究および製品開発を継続している企業
アーリー	製品開発および初期のマーケティング，製造および販売活動を始めた企業
エクスパンション	生産および出荷を始めており，その在庫または販売量が増加しつつある企業
レイター	持続的なキャッシュフローがあり，IPO直前の企業等

出典：一般財団法人ベンチャーエンタープライズセンター『ベンチャー白書2022』1～16頁をもとに筆者作成。

第2節　スタートアップ企業の資金調達

（1）　資本政策

　日本におけるスタートアップ投資は件数，規模の両面で近年大きく成長しており，様々なタイプの投資家が参加する市場が形成されつつある。それに伴って，スタートアップ企業の資金調達手段は多様化しており，普通株や種類株，

負債の他，後述するJ-KISSなどコンバーティブルエクイティと呼ばれる資金調達方法など選択肢が広がっている。どのタイミングで，どのような資金調達手段で，どの程度の資金を調達するかについての方針を資本政策と呼ぶが，資本政策は後述する事業計画と密接に関連している。また，スタートアップ企業にとって，成長を支えるための資金ニーズや複数の資金調達ラウンドを見据えたスケジュール，重要な投資家との関係，起業家（創業者）の議決権，ストックオプションをはじめとする役職員へのインセンティブ・プランなど，資本政策を検討する上で考慮すべき要素は多い。

（2）　普通株

　スタートアップ企業のエクイティファイナンスの特徴は，創業者の持分は普通株であるものの，外部投資家からの出資については，普通株でなく種類株，とりわけ優先株が広く利用されていることである。図表1-2-1はわが国における投資類型別の割合を示したものであるが，種類株が全体の74％を占めており，普通株は19％にとどまっている。

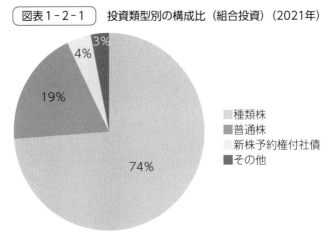

図表1-2-1　投資類型別の構成比（組合投資）（2021年）

種類株 / 普通株 / 新株予約権付社債 / その他

出典：一般財団法人ベンチャーエンタープライズセンター『ベンチャー白書2022』1～5頁をもとに筆者作成。

　このうち普通株は，創業者（起業家）が保有していることが一般的であるが，中核的な役職員に対し新たに普通株を発行することや，株式報酬スキームの一環として，役職員に対してストック・オプションや譲渡制限付株式（Restricted Stock）[1]を交付した結果として普通株が保有される場合もある。普通株は，後述する優先権を伴わない一般的な株式であるが，優先株を発行した企業の普通株は配当や残余財産の分配が劣後するため，普通株のみ発行している企業の場合と比べ結果的に価値が低くなることには留意する必要がある。

（3）　優先株

　これに対して，優先株とは，剰余金の配当や残余財産の分配に優先権が付された種類株式であり，スタートアップ企業への投資に係るリスク軽減手段としての機能を持つ。スタートアップ企業への投資は長期の継続保有を前提とせず，一定期間後のエグジットを想定し，エグジット時の財産分配が重要であることが背景となっているため，配当よりも残余財産の分配に係る優先権が重視される。例えば，スタートアップ企業がM&Aの対象となり買収された場合，創業時に比較的少額を出資し普通株を所有している創業者は高いキャピタルゲインを得ることができるものの，それ以外の投資家にとって，自らの投資時よりも低い価格でM&Aが実施され，損失を被る可能性もある。

　また，追加的なファイナンスやストック・オプション発行に伴う希薄化のリスクも考慮すると，エグジットの際，優先的な財産分配を受けられる優先株が重要な意味を持つ。このような優先株の特徴を理解するために以下のようなキーワードを理解する必要がある。

①　清算（Liquidation）

　スタートアップ企業への投資において，清算（Liquidation）とは，一般的

1　一定期間の譲渡（売却）が制限された株式のこと。勤務条件を満たすことで譲渡制限を解除する事前交付型（事前交付型リストリクテッド・ストック＝「RS」）と，一定の勤続条件を満たした場合に株式を交付する事後交付型（リストリクテッド・ストック・ユニット＝「RSU」）に大別される。

な会社解散や清算だけではなく，資産売却や合併，支配権の異動などによって現状の株主が有する持分に対して支払・分配が生じる事由も含まれており，これらをみなし清算事由（Deemed Liquidation Event）という。具体的にはM&Aによる会社売却がこれに相当する。

② 残余財産優先分配権（LP: Liquidation Preference）

優先株の株主は，清算時の残余財産の分配について，普通株主に対する優先権を有している。LPは，実際の優先分配権（actual preference）と，参加権（participation right）の2つの概念に大別できる。

実際の優先分配権とは，優先株の株主が，清算時に普通株主に優先して優先株の株数に一定の倍率を乗じた金額と未払配当分の金額の分配を受ける権利をいう。また，参加権とは，優先株の株主が清算時に優先分配を受けた後，残余する財産について，普通株主と同等の地位に立ち，分配を受ける権利をいう。

③ LPの倍率

上記のとおり，優先株の株主は，清算時に普通株主に優先して優先株の株数に一定の倍率を乗じた金額と未払配当分の金額の分配を受ける。この倍率は通常，1倍であるが，2倍や3倍となる場合もある。高い倍率は，投資家にとっては好ましいが，普通株主の権利を犠牲とし，創業者を含む普通株主のインセンティブを損なうものであるため，投資家に対し高いリスク負担を要請する場合などに限られる。

④ 参加権

参加権は，優先株の株主が清算時に優先分配を受けた後，残余する財産について，普通株主と同等の地位に立ち，分配を受ける権利であるが，優先株のタイプとして，完全参加型（full-participation）と非参加型（non-participation）がある。完全参加型は，優先的にLPの分配を受けた後，さらに残余財産が存在する場合，優先株主を含む全株主が各々の持分比率に応じて分配を受けるタ

イプの優先株である。これに対して，非参加型優先株の株主は優先分配を受けた後，さらに残余財産があったとしても分配を受けられない。しかし，後述する普通株への転換権を行使することで，アップサイドがある場合には普通株と同様のメリットを享受できるため，優先株が普通株と比べて不利となることはない。

⑤　転換権（Conversion right）

優先株は，通常，普通株式に転換する権利が付されている。転換は，優先株主のオプションとしていつでも転換できる場合と，一定規模以上のIPOが発生した場合，一定持分以上の優先株主が同意した場合に強制的に転換される場合（Mandatory Conversion）などのパターンがある。

⑥　株主間順位

スタートアップ企業の資金調達ラウンドは数次にわたり，優先株についても複数のシリーズ（シリーズA，シリーズB，シリーズC…）が発行されることがある。そうすると，普通株と優先株の間だけでなく，複数の優先株の株主間でも優先劣後関係が生じることがある。優先劣後関係を設定する方法の1つは，後のタイミングで参画した投資家がより優先的地位を与えられるというものであり，もう1つの一般的な方法は，すべての優先株主を同列に扱う方式で，このような関係をパリパス（pari-passu）と呼ぶ。パリパスの関係にある投資家に対しては，投資額に基づきプロラタで財産が分配される（なお，オプションプライシング法に基づく優先株の評価については第7章第1節参照）。

（4）　コンバーティブルエクイティ（J-KISS型新株予約権）

後述するように，スタートアップ企業のバリュエーションは多くの困難を伴うが，シードステージやアーリーステージにある企業の場合，未だ事業が軌道に乗っておらず，将来の収益見積りの基礎となる事業計画も存在しないことが多いため，信頼性の高いバリュエーションがとりわけ困難である。この点がこ

れら企業への投資を促す上で障壁となってきたが，近年，新株予約権型資金調達（コンバーティブルエクイティ）を活用することで，バリュエーションをいわば先送りして資金調達を行うことが可能となってきた。経産省による「「コンバーティブル投資手段」活用ガイドライン」によれば，2019年に行われた１億円未満の資金調達のうち，約10％が上記のようなコンバーティブル投資手段を用いている[2]。

コンバーティブルエクイティとは新株予約権の一種であり，スタートアップ企業のバランスシートにおいては負債ではなく資本項目として計上される。日本におけるコンバーティブルエクイティの標準形として，J-KISSが広く利用されている。J-KISSの仕組みは基本的には新株予約権と同様であるが，以下のような特徴がある[3]。

① 行使価格

一般的な新株予約権（ストック・オプション）においては，一定の行使価格（株式を取得する際に支払う金額）が設定され，株式価値がそれ以上になった場合に株式を取得することにより，利益を得ることができる。しかしJ-KISSについては，行使価格を１円と設定することが一般的である。オプション保有者は，株価が１円以上となれば株価と１円の差を利益として得られるから，オプションとしての価値はほぼ株式価値に等しくなる。J-KISSにおいては行使価格を１円とし，後述する転換価額を株式資金調達時（シリーズＡ）の株価に連動させることで，バリュエーションを一部先送りできるとされる。

② 行使条件

J-KISSに基づく新株予約権は，割当て以降，いつでも行使することができるが，行使の条件として，株式資金調達（シリーズＡ）が発生することとされて

2 経済産業省「コンバーティブル投資手段」に関する研究会「「コンバーティブル投資手段」活用ガイドライン」2020年12月28日，39頁。
3 詳細についてはCoral Capital のホームページに発行要綱等のJ-KISS関連の資料が公表されている。

いる。

③　転換価額

　J-KISSの更新版であるJ-KISS 2.0においては，転換価額は以下の２つのうちのどちらか低い金額として設定される。

　　ⅰ．割当日以降の株式発行（次回株式資金調達）における１株当たり発行価額に一定比率（例として0.8）を乗じた金額（ディスカウント）

　　ⅱ．一定金額（任意に設定する金額）を完全希釈化後株式数で除した額（ポストキャップ）

　上記の条件は，株式価値が大幅に高くなった場合に創業者にとり過度に不利となるのを防ぐ効果がある。ディスカウントとポストキャップを設定した場合の転換価額と株価の関係は**図表１-２-２**のように図示できる。

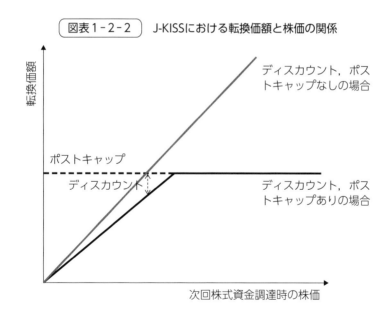

図表１-２-２　J-KISSにおける転換価額と株価の関係

④　転換期限

　J-KISSの契約においては通常，転換期限を定める。転換期限の設定は任意であるが，18か月とする例が多い。投資家にとって，想定した期間内にスタートアップ企業の資金調達が発生しない場合，株式に転換できず損失を被る可能性がある。このため，転換期限以降，投資家が裁量により株式に転換できる選択肢を設け，投資家の保護を図っている（ただし，株式への転換はJ-KISS投資家全体のうち，出資金額ベースで過半数の賛成が必要）。

⑤　M&A時の取扱い

　J-KISS発行会社が第三者から買収される場合，投資家には，

　　ⅰ．ポストキャップを基準とした株式（普通株式）への転換を行い買収に参加する

　　ⅱ．転換をせずに新株予約権の取得条項に基づいて，新株予約権と引換えに出資金額の2倍の金銭を発行会社から受け取る

という2つのオプションが与えられている。投資家は，買収金額等の条件に応じて，リターンの大きいオプションを選択することとなる。

　上記オプションのうち，ⅱが用意されているのは，M&Aにおける買収価格の水準によっては，J-KISSの転換による買収参加によるリターンが十分でない，あるいは損失が発生するリスクが存在するためである。J-KISSの契約上，投資家は発行会社によるM&Aの意思決定を止める権利を有していないため，このような仕組みで一定の投資家保護が図られているといえる。

　上記のとおり，J-KISS投資家にとって，転換のきっかけとして，シリーズA前のM&A，シリーズA，転換期限経過という3つのパターンが存在し，それぞれについて投資家がとりうる転換オプションは**図表1-2-3**のようにまとめることができる（コンバーティブルエクイティの評価方法については，第7章第4節参照）。

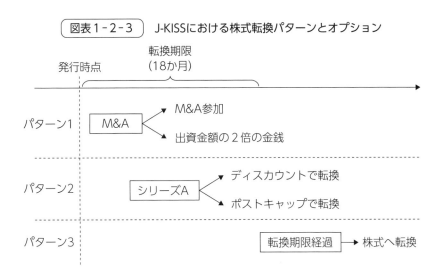

図表1-2-3　J-KISSにおける株式転換パターンとオプション

（5）　ストック・オプション

　ストック・オプションとは，会社の役職員があらかじめ定められた期間において，あらかじめ定められた価格（行使価格）で自社株を取得できる権利である。ストック・オプションの割当てを受けた役職員は，将来，株価が行使価格以上に上昇した時点でストック・オプションの権利を行使し，その時点で，行使価格と株価との差をキャピタルゲインとして得ることができる。

　ストック・オプションによる役職員の利益は株価上昇と連動するため，ストック・オプションの付与により，スタートアップ企業にとって不可欠な業績向上へのインセンティブを持ってもらうことができる。また，ストック・オプションはキャッシュアウトフローを伴わないし，通常であればストック・オプションの規模は株式全体の数％を占める程度であり既存株主への希薄化の影響も限られるから，多くのスタートアップ企業において，報酬制度の一環として活用されている。

　なお，ストック・オプションと類似する概念として新株予約権がある。上記で述べたとおり，負債による調達の場面でも，銀行等が融資に係るリスク軽減

のため，新株予約権を取得することが多くなっている。また，コンバーティブルノート（新株予約権付社債）も新株予約権と社債を組み合わせた資本調達方法といえる（ストック・オプションの評価方法については，第7章第3節参照）。

（6） 新株予約権付融資

スタートアップ企業はリスクが高く，担保となる資産も有していないことが多いため，銀行融資など負債（デット）による調達は一般的でなく，ごく初期の段階，つまりエンジェル投資家も参入する前のステージにおけるファミリーローン（創業者の家族や友人からの借入れ）などを除いては，株式（エクイティ）による調達が支配的である。

しかし，近年，金利上昇に伴う株式市場の低迷など世界的な金融環境の変化に伴って，スタートアップ企業に対するデットファイナンス（ベンチャーデット）が注目されている。わが国においては，従来より日本政策金融公庫が創業期に特化した融資を展開してきたほか，信用保証協会や地方自治体等，公的な融資支援制度が用意されている。このうち，日本政策金融公庫の新株予約権付融資（スタートアップ支援資金）の概要は図表1-2-4のとおりであるが，融資に際して新株予約権を取得することでスタートアップ企業のリスクに対応している点が特徴的である。ただし，日本政策金融公庫が新株予約権を行使して株式を取得するのではなく，原則として，株式公開時など一定の条件に達した場合に経営責任者などに新株予約権を売却する。この条件により，スタートアップ企業としては経営権を維持できるというメリットがあるものの，融資の返済資金に加え，新株予約権買取りのための資金も必要となるという面がある。銀行法の関係で，金融機関は新株予約権を行使して株式を取得するのではなく，新株予約権自体を買い取ることで資金を回収することを求めるためである。

日本政策金融公庫の融資は一定程度，スタートアップ企業の育成という政策的意図が反映されているが，民間の商業銀行についても，日本政策金融公庫と同様，一定のステージに達した企業に対しては，上場時に行使できる新株予約

<figure>

（図表1－2－4）　日本政策金融公庫の新株予約権付融資の概要

項目	概要
融資および社債の限度額	14億4,000万円 ただし，原則として，新株予約権を行使したものとして算出される株式数が，発行済株式総数を超えないものとする。
新株予約権の個数	原則として，取得する新株予約権を行使したものとして算出される株式数が，発行済株式総数を超えないものとする。
新株予約権の行使価額	新株予約権取得時の株式の時価
新株予約権の発行価額	無償
利率（年）	基準利率（上限2.5％）
返済期間	20年以内（うち据置期間10年以内）
保管委託	行使後は証券会社または金融機関等による保管・管理等信託が必要
予約権割合	原則として100％ 個別事情を勘案の上，10％を下限に決定。 ※予約権割合＝行使価額の総額÷融資金額
行使期間	新株予約権発行日から償還期限まで

出典：日本政策金融公庫ホームページをもとに筆者作成。

</figure>

権を融資条件（融資額の10％程度とすることが一般的といわれる）として取得することで，スタートアップ企業に対する融資を提供する動きがみられる[4]。さらに，ファンド業界においても，最近，スタートアップ企業向けのデットファンド[5]が組成され，活動を展開している。これらデットファンドからの融資は，商業銀行からの融資の金利よりは高いものの，デットファンドは商業銀行と比べより柔軟なリスクテイクができ，スタートアップ企業にとっての資金調達源の多様化につながっている。

　なお，新株予約権付融資と同様の仕組みとして，社債に新株予約権を付与した形態の新株予約権付社債（CB）がある。スタートアップ企業が発行するCBの多くは，通常の社債とは異なり，満期，金利がなく，限りなく株式に近いが，

4　日経産業新聞2023年5月12日。静岡銀行，山梨中央銀行などの事例が紹介されている。
5　同上。例として，SDFキャピタルの事例などが紹介されている。

転換前の取扱いは資本ではなく負債として計上される。

　これらデットファイナンスによる資金調達は，全面的にエクイティファイナンスに依存する場合と比べ，希薄化の度合いを減らすことができるというメリットがある。したがってデットファイナンスを活用できる場合，あるいはまだ可能でなくとも将来の資金調達計画にこれを組み込むことで，資金調達源の多様化だけでなく，エクイティファイナンスの投資家にとってのリスクを低下させ，より安定的な新規調達が可能となるというメリットがある。

　一方，やはりデットである以上，これを利用できるスタートアップ企業は，比較的後期のステージにあり，返済の確実性，すなわちキャッシュフロー流入の見通しがある程度確実となった企業に限られるし，その前提が十分でない場合，常にデフォルト（債務不履行）リスクに脅かされ，本来スタートアップに求められる経営の柔軟性が低下する危険性があることは留意すべきである（新株予約権付融資の評価方法については，第7章第5節参照）。

第3節　資金調達市場の状況

（1）　市場規模

　わが国におけるスタートアップ企業への投資は，近年大きな伸びを示している。INITIALの調査によれば，わが国のスタートアップ企業による資金調達金額は，2020年においてコロナ禍の影響で大きく落ち込んだものの，2021年以降急速に回復し，2022年には2014年以降最高額の9,459億円に達している。直近の2023年上半期において，資金調達社数は前年同期比16％増の1,241社となったものの，資金調達金額は3,314億円となり，前年同期の4,160億円から減少を記録した。2023年上半期の資金調達金額の減少は，主として大型案件の減少があったためとされており，1件当たりの平均調達額も2022年における4.4億円から，3.2億円に低下している。

図表1-3-1　わが国のスタートアップ企業による資金調達の推移

出典：INITIAL「2023年上半期Japan Startup Finance」16頁。

　このように，わが国のスタートアップ企業の資金調達市場は近年拡大傾向にあるものの，国際的水準から見ると，かなり小さい。**図表1-3-2**は，ベンチャーキャピタル投資の状況について米国，欧州，中国，日本市場の比較を行ったものであるが，各国・地域とも2022年は前年のブームから下落しているものの，近年は投資規模が拡大傾向にあることがわかる。投資規模についてはやはり米国が突出しており，主導的な地位にある。わが国は米国の100分の1程度であり（2021～22年），中国，欧州と比べても，極めて小規模な水準にあることがわかる。

　とはいえ，米国のベンチャーキャピタル市場は最近になって勢いが低下している。PitchBook-NVCAによれば，インフレ高進，金利上昇といったマクロ経済状況の下，シリコンバレーバンク破綻などスタートアップ企業をめぐる金融市場の状況が悪化したことを反映して，2022年第3四半期以降ベンチャーキャピタル市場での調達金額は大きく低下しており，2023年第1四半期の資金調達

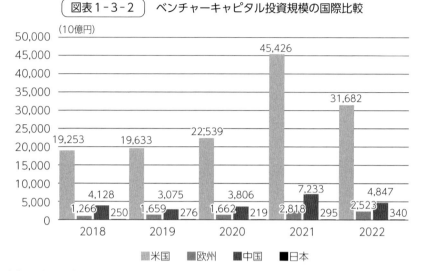

図表1-3-2　ベンチャーキャピタル投資規模の国際比較

出典：一般財団法人ベンチャーエンタープライズセンター「2022年のVC投資動向　米国・欧州・中国・日本の４地域比較」１頁。欧州と日本は域外投資を含む。

額（370億ドル）は前年同期の半分以下となっている[6]。

（2）　投資家の類型

　スタートアップ企業に資金を供給する投資家の類型を見ると，ベンチャーキャピタルの他，コーポレートベンチャーキャピタル（CVC），事業会社，金融機関など様々な投資家が存在するが，多くの場合，ベンチャーキャピタルがリード役となり，複数の投資家のグループを組成してファイナンスが行われる。**図表1-3-3**はわが国における投資家類型別の投資動向を示したものであるが，全体の４割程度をベンチャーキャピタルが占めており（とはいえ，**図表1-3-3**のベンチャーキャピタルの類型にはコーポレートベンチャーキャピタルも含まれていることに留意），これに次いで事業法人からの投資の割合が大きいことがわかる。また，2021年のみ，特徴的に海外法人からの投資が高い比率を占

6　PitchBook-NVCA, "Venture Monitor Q1 2023", p.5.

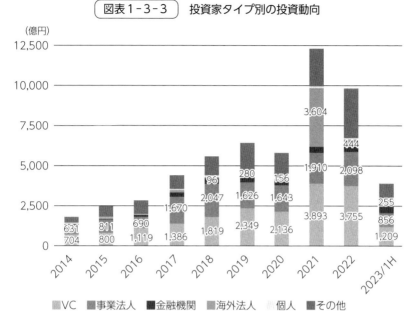

図表1-3-3　投資家タイプ別の投資動向

出典：INITIAL「2023年上半期Japan Startup Finance」46頁。集計データの性質の違いから図表1-3-1と金額が一致しないことに留意。

めている。

　スタートアップ企業への投資家は，投資から一定期間の後，IPOやM&Aにより投資回収（エグジット）を図る。**図表1-3-4**はこのようなエグジットの形態について近年の状況を見たものであるが，これによると，投資先の約4分の1がIPOに至っている。これに対し，わが国におけるスタートアップ企業のM&A件数は全体の1割強であり，M&Aによるエグジットが大半を占める米国[7]と対照的な状況となっている。

7　米国（2023年第1四半期）においては，VCのエグジットの類型としてIPOは全体の1割未満であり，残りはacquisitionまたはbuyoutが占めている（PitchBook-NVCA，"Venture Monitor Q1 2023"，p.40）。

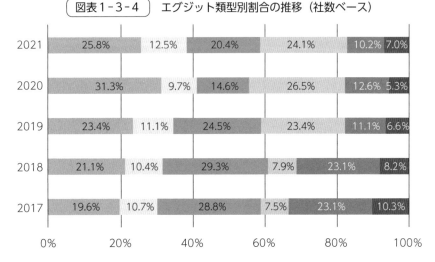

図表1-3-4 エグジット類型別割合の推移（社数ベース）

年	IPO	M&A	売却	消却・清算	会社経営者等買戻し	その他
2021	25.8%	12.5%	20.4%	24.1%	10.2%	7.0%
2020	31.3%	9.7%	14.6%	26.5%	12.6%	5.3%
2019	23.4%	11.1%	24.5%	23.4%	11.1%	6.6%
2018	21.1%	10.4%	29.3%	7.9%	23.1%	8.2%
2017	19.6%	10.7%	28.8%	7.5%	23.1%	10.3%

■IPO ■M&A ■売却 ■消却・清算 ■会社経営者等買戻し ■その他

出典：一般財団法人ベンチャーエンタープライズセンター「ベンチャー白書2022」Ⅰ～23頁。

　米国においてM&Aによるエグジットの割合が大きいことの背景にはSPACの存在がある。SPAC（Special Purpose Acquisition Company：特別買収目的会社）とは，未公開の企業を合併・買収することだけを目的に設立し，証券取引所に上場する企業であり，上場時に資金を調達し，SPACがスタートアップ企業を含む未公開企業をM&Aにより取得することで，間接的にこれら企業が上場することとなる。上場を目指す企業にとっては審査が厳しい新規株式公開（IPO）よりも，SPACを活用することで迅速な資金調達が可能となる。投資家サイドから見ても，従来，アクセスが限られていた未上場企業に，少額から投資する機会が与えられるというメリットがあり，SPACに係る市場は急速に拡大している[8]。わが国においては，東京証券取引所が「SPAC制度の在り方等

8　とはいえ，SPACのデメリットとして，SPAC上場後2年間以内での買収完了が義務付けられており，IPOの場合であれば必要となる証券会社による上場審査等のプロセスが省略されるため，買収対象企業のリスクの見極めが難しいという点がある。2014年に設立された米国の電動自動車メーカー，ニコラは2020年6月にSPACを活用してNASDAQに上場したが，創業者による技術誇張など

に関する研究会」を設置している[9]他，後述する「スタートアップ育成5か年計画」において，「導入した場合に必要な制度整備について，国際金融市場の動向を踏まえ，投資家保護に十分に配慮しつつ検討を進める。」とされている。

（3）　スタートアップ育成5か年計画

スタートアップ企業はわが国においても，イノベーションの担い手として社会的にも近年大きな注目を集めている。2022年11月，新しい資本主義実現会議において，政府は「スタートアップ育成5か年計画」を決定した。スタートアップ育成5か年計画とは，2022年をスタートアップ創出元年と位置付け，今後5年間にわたって，日本国内のスタートアップを大幅に増やすための戦略とロードマップを示したものである。同計画は主な目標として以下の項目を掲げている。

- 創業の「数」（開業数）のみではなく，創業したスタートアップの成長すなわち「規模の拡大」にも，同時に着目することが重要である。そこで，創業の絶対数と，創業したスタートアップの規模の拡大を包含する指標として，スタートアップへの投資額に着目する。
- この投資額は，過去5年間で2.3倍増（2017年の3,600億円から，2021年の8,200億円へ増加）であり，現在，8,000億円規模であるが，本5か年計画の実施により，5年後の2027年度に10倍を超える規模（10兆円規模）とすることを大きな目標に掲げて，官民一体で取組みを進めていくこととする。
- さらに，将来においては，ユニコーン（時価総額1,000億円超の未上場企業）を100社創出し，スタートアップを10万社創出することにより，わが国がアジア最大のスタートアップハブとして世界有数のスタートアップの集積地になることを目指す。

上記のような目標達成のための方策として，スタートアップ育成5か年計画

虚偽広告の疑いがかかり，株主集団訴訟が提起された。
9　第1回（2021年10月1日）から第5回（2022年1月28日）までの議論を踏まえ，2022年2月16日に「SPAC上場制度の投資者保護上の論点整理」を公表している。

は，以下のような３本柱の取組みを推進していくとしている。

① スタートアップ創出に向けた人材・ネットワークの構築

② スタートアップのための資金供給の強化と出口戦略の多様化

③ オープンイノベーションの推進

これらのうち，②は本書のテーマとも関連するので概要を紹介すると，ベンチャーキャピタルはスタートアップを有意に評価し，育てる能力があり，ベンチャーキャピタルの投資を受けた企業をそうでない企業と比較すると，投資を受けた企業のほうが雇用の拡大やイノベーションに積極的であるとする。そして，わが国におけるベンチャーキャピタルの投資を拡大させるため，以下のようなスキームに基づくベンチャーキャピタルへの公的資本の有限責任投資による投資の拡大，ベンチャーキャピタルと協調した政府によるスタートアップへの支援の拡大等を進めるとしている。

- 中小企業基盤整備機構のベンチャーキャピタルへの出資機能の強化
- 産業革新投資機構の出資機能の強化
- 官民ファンド等の出資機能の強化（公的資金による国内外ベンチャーキャピタルへの投資を強化し，５年後に10倍を超える規模のスタートアップへの投資額を実現する）
- 新エネルギー・産業技術総合開発機構による研究開発型スタートアップへの支援策の強化
- 日本医療研究開発機構による創薬ベンチャーへの支援強化
- 海外先進エコシステムとの接続強化
- スタートアップへの投資を促すための措置（スタートアップへの再投資の場合の優遇税制整備など）
- 個人からベンチャーキャピタルへの投資促進

この他，スタートアップ企業の資金調達に関連する支援策として，以下のような項目が盛り込まれており，関連市場が将来大きく発展することが期待されている。

- ストック・オプションの環境整備（権利行使期間の延長など）

- 事後交付型譲渡制限付株式（RSU：Restricted Stock Unit）の活用に向けた環境整備
- 株式投資型クラウドファンディングの活用に向けた環境整備
- SBIR（Small Business Innovation Research）制度の抜本見直しと公共調達の促進
- 経営者の個人保証を不要にする制度の見直し
- IPOプロセスの整備
- SPAC（特別買収目的会社）の検討
- 未上場株のセカンダリーマーケットの整備
- 特定投資家私募制度の見直し
- 海外進出を促すための出国税等に関する税制上の措置
- Web 3.0に関する環境整備（暗号資産の税制上の取扱いなど）
- 事業成長担保権の創設（事業全体を担保に金融機関から成長資金を調達できる制度の創設）
- 個人金融資産およびGPIF等の長期運用資金のベンチャー投資への循環
- 銀行等によるスタートアップへの融資促進（設立後10年以内のスタートアップ企業への出資について規制緩和した改正銀行法の周知とフォローアップ）
- 社会的起業のエコシステムの整備とインパクト投資の推進
- 海外スタートアップの呼び込み，国内スタートアップ海外展開の強化
- 海外の投資家やベンチャーキャピタルを呼び込むための環境整備
- 地方におけるスタートアップ創出の強化
- 福島でのスタートアップ創出の支援
- 2025年大阪・関西万博でのスタートアップの活用

図表1-3-5　スタートアップ育成5か年計画のロードマップ

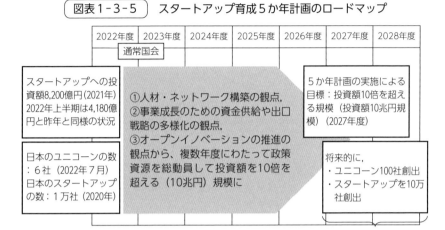

わが国がアジア最大のスタートアップ
ハブとして世界有数のスタートアップ
の集積地になることを目指す

出典：内閣府「スタートアップ育成5か年計画」資料2をもとに筆者作成。

第 *2* 章

バリュエーションの前提

第1節　価値の定義

　バリュエーションの実務で価値という時，通常は公正価値を意味する。国際財務報告基準（IFRS）によれば，公正価値とは「測定日時点で，市場参加者間の秩序ある取引において，資産を売却するために受け取るであろう価格又は負債を移転するために支払うであろう価格」（IFRS第13号付録A）とされている。また，日本の会計基準における時価とは「算定日において市場参加者間で秩序ある取引が行われると想定した場合の，当該取引における資産の売却によって受け取る価格又は負債の移転のために支払う価格」をいい[1]，実質的には公正価値と同義であると考えられている[2]。

　これに対して，使用価値とは「資産又は資産グループの継続的使用と使用後の処分によって生ずると見込まれる将来キャッシュ・フローの現在価値」であるとされている[3]。つまり，公正価値が不特定の第三者との取引によって形成されるであろう価格であるのに対して，使用価値は資産の所有者がその資産を活用することで得られる経済的価値を指すものであり，当事者の事情（どのように資産を活用するか）に大きく影響を受ける価値概念であるといえる。

　スタートアップ企業のバリュエーションの場面においても，実際には当事者固有の要因を考慮すべき場合がある。例えば，事業会社がスタートアップ企業との業務提携を前提に出資を行う場合，事業会社にとっての価値は，スタートアップ企業の純粋な企業価値だけではなく，業務提携による経済的メリット（シナジー）を加味したものとなる。とはいえ，そのような固有事情を持たないその他の投資家が多数を占める場合には，市場で形成される価格（公正価値）は，特定の当事者間の業務提携などを考慮しないものとなる。

1　企業会計基準第30号「時価の算定に関する会計基準」第5項。
2　IFRS第13号は一部の項目を除いてすべての公正価値測定に適用されるのに対し，日本の会計基準は金融商品（ただし，市場価格のない株式等を除く）等にのみ適用されるため，適用範囲はIFRSのほうが広いといえる。
3　企業会計審議会「固定資産の減損に係る会計基準注解」（注1）4。

　後述するバリュエーションの目的に照らして考えると，例えば取引の交渉において，当事者が自らの事情を考慮して価格の上限や下限を設定するといったことは考えられるものの，一般的には取引目的，会計目的，税務目的いずれについても公正価値が価値の定義として利用される。

第2節　バリュエーションの目的

　スタートアップ企業についてどのような目的で価値評価を行うかはケースによって様々であるが，主として以下のような場面が想定される。

（1）　取引目的

　バリュエーションの目的として最も一般的であるのが資金調達，あるいはM&A局面でのプライシングであろう。多くの場合，スタートアップ企業は，事業ステージの各段階で複数回の資金調達を行う。各資金調達ラウンドにおいて，投資家の出資額や出資割合を交渉し，最終的に決定するための重要な判断材料としてバリュエーションが利用される。また，既存株主間で持分の移動がある場合なども同様にバリュエーションが必要となることが多い。

　後述するように，スタートアップ企業の多くは安定的な収益のトラックレコードがなく，将来の成長やリスクについての不透明性が高い。このため，一般的な企業と比べ，スタートアップ企業のバリュエーションは多くの困難を伴うが，バリュエーションの専門家でない起業家や投資家にとってはなおさら，公正な価格を見出すことが難しい。そうすると，取引における価格は交渉によって決まる度合が高くなる。もちろん，適切なバリュエーションが存在する場合でも，最終的には当事者間の交渉によって価格は決まるが，基準となるバリュエーションが明確でないと，バーゲニングパワーの強弱によって価格が大きく影響される。

　また，当事者間でバリュエーションについての知識の格差があると，知識が豊富でない当事者が交渉上不利な立場に立たされる場合がある。例えば，一定

規模以上のベンチャーキャピタル（VC）投資家であればバリュエーションについての知識や経験を蓄積しているものの，起業家は必ずしもそうではなく，VC投資家のバリュエーションを基準にして交渉が進められることがある。

　上場企業のM&Aや組織再編の場合，少数株主の利益を重視する観点から，第三者評価機関によるバリュエーションを取得することは無論，バリュエーションの観点から取引価格の公正性について専門的意見を記載するフェアネスオピニオンを取得することも多くなっているが，スタートアップ企業の資金調達においては通常そこまでの費用と労力は掛けられていない。第三者評価機関によるものであっても，バリュエーションにはそれを依頼した取引当事者の希望価格を前提としたバイアスが反映されていることは少なくない。したがって，取引の相手方のバリュエーションを無批判に受け入れるのではなく，自らの立場でバリュエーションを取得する，あるいは相手方のバリュエーションを基礎とする場合でもその手法やインプットの合理性について専門的な議論ができるよう準備しておくことが望ましい。例えば，どちらか一方の当事者が将来期間に設定すべき割引率について不合理な前提を置いていることにより両当事者間でのバリュエーションの乖離が大きくなっているのであれば，その論点に絞って議論を進めることにより，価格交渉のレンジを小さくすることができるかもしれない。

　投資家サイドを見ても，近年，スタートアップ企業に対する投資家の裾野が広くなったことにより，VC投資家を含む専門的な機関投資家だけでなく，様々な投資家が重要な役割を果たしつつある。また，スタートアップ企業に対して直接投資を行うこれら投資家だけではなく，VCファンドに出資する金融機関やコーポレートベンチャーキャピタル（CVC）に出資する企業など間接的な投資家層も広がりつつある。スタートアップ投資をめぐり様々なステークホルダーが存在することとなるが，（上場企業が関与する場合はとりわけ）ガバナンスの観点からも，適切なバリュエーションを取得することで取引の公正性を担保することが求められると考えられる。

（2）　会計目的

①　減損会計

　わが国の会計基準によれば，非上場株式を含む市場価格のない株式については，原則として取得原価で評価され，時価評価は求められない。上記のようなスタートアップ企業の株式（普通株・種類株）を保有する投資家にとっても，この原則は当てはまるから，取引時に第三者によるバリュエーションに基づき合意された価格に依拠して会計処理を行うことが可能である。

　しかし，そのような取引時に合意された価格があるとしても，その後，事業の状況が当初計画よりも悪化するなどの理由で企業価値が大幅に低下することがありうる。時価を把握することが極めて困難と認められる株式の減損処理について，会計基準[4]では，「発行会社の財政状態の悪化により実質価額が著しく低下したときは，相当の減額をなし」としているが，「金融商品会計に関するQ&A」[5]によれば，このような場合には，「たとえ発行会社の財政状態の悪化がないとしても，将来の期間にわたってその状態が続くと予想され，超過収益力が見込めなくなった場合には，実質価額が取得原価の50%程度を下回っている限り，減損処理をしなければなりません。」とされている。

②　投資事業有限責任組合の会計

　上記の減損会計に係る会計上の要請にかかわらず，投資事業有限責任組合の場合，会計目的で時価評価が求められる場合がある。すなわち，一般的には有価証券の時価評価対象は，売買目的有価証券およびその他有価証券に分類されるもので，特に株式については市場価格のあるものに限定されるが，投資事業有限責任組合の投資勘定は，原則として市場価格のない株式等についても，各組合の組合契約に定める評価基準に従って時価評価を行う（中小企業等投資事

4　企業会計基準第10号「金融商品に関する会計基準」第21項。
5　日本公認会計士協会会計制度委員会「金融商品会計に関するQ&A」（最終改正2022年10月28日），Q33に対する回答。

業有限責任組合会計規則第7条)[6]。わが国のVCファンド等, スタートアップ企業に投資する機関投資家の多くは投資事業有限責任組合として設立されているが, これらの投資家の立場からは, 会計目的で事後的なバリュエーションを行う必要がありうるといえる。

③ ストック・オプション会計

企業会計基準第8号「ストック・オプション等に関する会計基準」によれば, 役職員に対して無償で付与したストック・オプションについては公正価値を算定し, その公正価値に基づいて費用計上することが求められる。ストック・オプションの評価方法については, 第7章で詳しく述べる。

ただし, 上記の会計基準(第13項)においては, 公正価値に代えて, 単位当たりの本源的価値の見積りを使用することが認められている。未公開企業については, 評価単位の計算基礎となる自社の株価情報の収集が困難であり, ストック・オプションの公正な評価額について, 適切な費用計上額の算定の基礎とするストック・オプションの価値を信頼性をもって見積もることが困難である場合が多いためである。

ここで本源的価値とは, 算定時点においてストック・オプションが権利行使されると仮定した場合の価値であり, 以下の算式で計算される。

> ストック・オプションの本源的価値=自社株式の評価額-行使価格

ストック・オプションの行使価格は, 株式の評価額よりも高く設定することが一般的であり, 後述する税制適格要件の中にも, 行使価格が株式の時価を上回ることが含まれている。このため, 未公開企業についての上記の特例を適用するとすれば, 通常はストック・オプションの本源的価値はマイナスとなり,

---

6 詳細については, 以下を参照。EY 新日本有限責任監査法人「VC&ファンド業 第4回:有責組合に関連する会計処理の概要(前編)」https://www.ey.com/ja_jp/corporate-accounting/industries/financial/industries-financial-vc-and-fund-2022-02-10-04

したがって費用としてはゼロという扱いとなると考えられる。

　なお，近年，無償ストック・オプションだけではなく，ストック・オプションの割当てを受ける役職員が一定の金額を企業に払い込む有償ストック・オプションの利用が広がっている。有償ストック・オプションは，会社と役職員との間のストック・オプションの取引であるため，会計上の費用計上は必要ないが，適切な対価としてストック・オプションの公正価値を算定する必要があるという点では無償ストック・オプションと共通している（非公開企業の特例を除く）。

（3）　税務目的

①　株式譲渡等

　株式その他の金融資産の移動や引受けに際して，利益が発生した場合には課税の対象となる。その際，原則として時価評価が適用される。問題は税務上の時価の評価方法が他の場合と異なりうることである。

　スタートアップ企業の株式時価をめぐって税務上の問題が生じうるのは，新たに株式を発行する場合と既存の株式譲渡（移転）の場合である。前者については，外部の投資家から資金調達を行うような場合であれば，通常はアームズレングス，すなわち独立的な第三者間の取引であるとみなされ，税務上の問題が生じることはないが，例えば中核的な役職員に新株を交付するような場合，時価よりも低い価格で交付されたのであれば，交付先の役職員にとって税務上の課税所得とみなされる可能性があるため，第三者評価機関による評価が必要となる場合がある。

　また，近年，役職員への株式報酬の1つとして活用が広がりつつある譲渡制限付株式（Restricted Stock）の場合も同様である。譲渡制限付株式については，譲渡制限が解除された日における価額が，所得税法上の収入金額とすべき金額または総収入金額に算入すべき金額であるとされている[7]。

7　所基通23～35共－5の4，同5の3。

　既存株式譲渡（移転）の場合としては，例えば，複数の創業者で起業したスタートアップ企業の場合，株主間契約の一部として，創業後一定期間に退職した場合には一部または全部の株式持分を会社に返還，または特定の個人（社長など）に譲渡する義務を負わせる場合がある[8]。そのような共同創業者間の株式返還の場合以外でも，様々な理由によってスタートアップ企業の株式が移転することがある。

　これら株式の譲渡先が個人の場合，贈与税が発生する。贈与税は時価と取得価額の差を利益とみなし，基礎控除（110万円）を適用して算定されるが，10％から55％までの累進税率が適用されるので，時価が高額となると多額の納税が必要となる。

　また，譲渡先が企業の場合，わが国の税制においては，時価の2分の1未満の価格で譲渡する場合「著しく低い価額」による譲渡とみなされ，譲渡額との差額が課税対象となる[9]（換言すれば，時価の2分の1以上の価格で譲渡されたのであれば，譲渡価格が時価と認められ，課税対象とはならない）。

　さらに，時価の2分の1以上の対価による法人に対する譲渡であっても，その譲渡先が所得税法上の同族会社に相当する場合には，時価に相当する金額により所得の金額を計算することができるとされている[10]。

　問題は何をもって時価とすべきかであるが，上記のような場合において，原則として時価は財産評価基本通達で定められた方法により評価される[11]。財産評価基本通達とは，国税庁の行政通達であり，主として相続や贈与などに係る税金計算の基礎となる財産評価方法を示したものである。財産評価基本通達においては，様々な資産ごとに評価方法の原則が示されているが，その中でも取引相場のない株式については，さらに企業規模ごとに評価方法が細分化されている。大会社の場合には，後述する類似業種比準価額のみによって評価され，中会社，小会社となるに従って，一定の割合で簿価純資産法による評価が加味

8　磯崎哲也『増補改訂版　起業のエクイティ・ファイナンス』（ダイヤモンド社，2022年），73〜82頁。
9　所得税法第59条，所得税法施行令第169条。
10　所得税基本通達59-3「同族会社等に対する低額譲渡」。
11　所得税基本通達59-6「株式等を贈与等した場合の「その時における価額」」。

される。例えば，小会社の場合（例として，卸売業，小売・サービス業以外の場合，売上8,000万円未満，自己資本5,000万円未満，または従業員数が5人以下の会社）であれば，以下の式によって計算される金額となる[12]。

時価＝類似業種比準価額×0.5＋1株当たりの純資産価額[13]×0.5

　ここで類似業種比準価額とは，評価会社と事業内容が類似する上場株式の株価を基礎とする評価方法であり，以下の式により計算が可能である。

$$S_T = S_C \times \left(\frac{D_T}{D_C} + \frac{R_T}{R_C} + \frac{B_T}{B_C} \right) \times \frac{1}{3} \qquad [2\text{-}2\text{-}1]$$

ここで，S_T：対象会社の株価

　　　　S_C：類似業種の株価

　　　　S_T：対象会社の株価

　　　　D_T：課税時期の属する年の類似業種の1株当たり配当金額

　　　　R_T：課税時期の属する年の類似業種の1株当たり年利益金額

　　　　B_T：課税時期の属する年の類似業種の1株当たり純資産価額（帳簿価額）

　　　　D_C：評価会社の1株当たり配当金額

　　　　R_C：評価会社の1株当たり年利益金額

　　　　B_C：評価会社の1株当たり純資産価額（帳簿価額）

　上記の手法は，バリュエーションの一般的な実務でも広く利用されている類似上場会社法（マルチプル法）の一種であり，配当，利益，簿価純資産という3つの指標に基づく評価を3等分してウェイト付けしたものといえる。なお，対象会社が属する業種の区分やそれら業種の指標（[2-2-1]式に代入する

12　財産評価基本通達179「取引相場のない株式の評価の原則」。
13　相続税評価額によって計算した金額。

数値）は，国税庁のホームページで入手が可能である。

　しかし，未だ赤字あるいは低水準の利益しかなく，無形の知的財産あるいは人的な資産しか重要な資産が存在しないスタートアップ企業にとって，配当や利益，簿価純資産に対するマルチプルを使用して計算する類似業種比準価額や，簿価純資産法による評価はほとんど意味がないものである。スタートアップ企業の合理的な評価方法については本書で詳しく議論するが，スタートアップ企業株式の時価の根拠として，財産評価基本通達の評価方法は合理的でない可能性がある。

　一方，財産評価基本通達の例外規定[14]によれば，同通達に拠るべきでない「特別の事情」がある場合，その他の評価方法が採用される可能性がある。この点につき，2020年11月12日東京地裁判決[15]において裁判所は，相続で取得した土地および建物について，財産評価通達の定める評価方法によって財産を評価することはかえって租税負担の実質的な公平を著しく害することが明らかであり，財産評価通達に拠るべきでない特別の事情があると指摘した上で，国税庁が採用した鑑定評価額が客観的な交換価値を示すものとして合理性を有することを認めている（2022年4月19日最高裁判決により確定）。上記の事例では，納税者ではなく課税庁が「特別の事情」を主張し，不動産鑑定評価を基礎とする課税処分を行った。不動産鑑定評価とスタートアップ企業の株式価値評価は大きく異なるが，税法上の時価が明確でないことに伴うリスクの構造は共通する部分があるといえる。納税者側がリスクを回避する手段は限られるものの，比較的リスクが大きいと考えられる場合には，将来の税務調査の際，納税者が提示できる客観的な資料を準備しておくことが望ましい。この点，株式報酬の活用が進んでいる米国においては，スタートアップ企業についてもIRS Code Section 409aとの関連で第三者評価機関による自社株式の評価を定期的に取得することが一般的となっている。

14　財産評価基本通達総則6項。
15　2020年11月12日東京地裁判決，平成30年（行ウ）第546号。

②　ストック・オプション

　ストック・オプションの発行において，一定の要件を満たす場合，税制適格ストック・オプションとして認められる。税制適格ストック・オプションに該当すると，ストック・オプションの権利行使時点では課税されず，実際に取得した株式を売却し，行使価格との差額をキャピタルゲインとして得た時点で課税されるため，課税のタイミングを先延ばしすることができる（これに対し，税制非適格ストック・オプションは行使時点で課税される）。ここで，税制適格ストック・オプションとなるための一定の要件とは，租税特別措置法第29条の2に記載の要件であるが，主なものをまとめると**図表2-2-1**のとおりとなる。

図表2-2-1　税制適格ストック・オプションの主な要件

項目	要件
付与の対象	会社およびその子会社の取締役・執行役・使用人 一定の要件を満たす外部協力者（弁護士や専門エンジニア等）
発行価格	無償発行
権利行使期間	付与決議日後2年を経過した日から10年を経過する日まで （設立5年未満の非上場会社は15年を経過する日まで）
権利行使限度額	年間の合計額が1,200万円を超えないこと
権利行使価額	ストック・オプションに係る契約締結時の時価以上の金額
譲渡制限	新株予約権は他社への譲渡を禁止
保管委託	行使後は証券会社または金融機関等による保管・管理等信託が必要

　この他，ストック・オプションの種類として，無償（有利発行）と有償の区分があるし，近年，信託型のストック・オプションも導入されている。留意すべきはそれぞれの区分ごとに，課税対象となる経済的利益が異なることであり，詳細は国税庁が解説している[16]が，概要をまとめると**図表2-2-2**のとおりとなる。ここで，Cはストック・オプションの取得額，Kは行使価額，S_1は行

16　国税庁「ストックオプションに対する課税（Q&A）」令和5年5月（最終改訂令和5年7月）。
　https://www.nta.go.jp/law/tsutatsu/kihon/shotoku/kaisei/230707/pdf/02.pdf

使時の株価，S_2は譲渡時の株価である。

ストック・オプションの課税対象となる経済的利益

項目	付与時	行使時	譲渡時
税制非適格・無償型（有利発行）	0	S_1-K	S_2-S1
税制非適格・有償型	0	0	S_2-K-C
税制非適格・有償型（信託形式）	0	S_1-K-C	S_2-S_1
税制適格・無償型	0	0	S_2-K

出典：国税庁「ストックオプションに対する課税（Q&A）」をもとに筆者作成。

　上記表から明らかなように，ストック・オプションの課税対象となる経済的利益を計算する上で，行使時あるいは譲渡時の株価が基礎となる。多くの場合，ストック・オプションの行使あるいは取得した株式の譲渡は上場後のタイミングを想定しているが，上場前に行使または譲渡する場合，未上場株としてのスタートアップ企業の株式価値評価が必要となる[17]。この場合，税制上は所得税基本通達23〜35共9に基づく計算方式（取引相場のない株式）を利用することが可能である。

　さらに，行使価額についても，ストック・オプションに係る契約締結時の株式時価以上の金額とされているから，結局のところ，契約締結時点において，株式価値の評価が必要ということとなる。大半のスタートアップ企業にとって当初のストック・オプションは上場前に発行することとなるから，上記と同様，所得税基本通達23〜35共9などに基づき，未上場株としての株式価値評価を行うこととなる[18]。

17　スタートアップ企業にとり，一般的に優先株が重要な資金調達手段となっているが，ストック・オプションの原資産となるのはこれら優先株ではなく普通株である。現状，両者の評価上の差異についてまでは議論が及んでいないようである。

18　前掲注16，問7への回答参照。

第3節　バリュエーションの基準と評価者の要件

　一般に，バリュエーションの専門家（評価者や評価機関）は高度の知識と経験を有していると考えられている。しかし，専門家による評価であるからといって，バリュエーションの利用者（スタートアップ企業経営者や投資家）がこれを無批判に受け入れることはリスクを伴う。

　そもそも，バリュエーションの専門家を明確に定義することが困難である。例えば，会計・監査業務については，公認会計士法が公認会計士制度などを定め，日本公認会計士協会が公認会計士の業務に係るさらに詳細な規則等を定めている。そして，これら会計士が準拠すべき原則として各種の会計基準が設けられている[19]。さらに，わが国において公認会計士は，会社法，金商法，会計士法等に係る様々な法的責任を負う[20]。しかし，わが国を含む主要国においては，一部の国・地域や業務範囲（わが国における不動産鑑定士の業務など）[21]を除いて，バリュエーションの業務一般に関わる公的な制度は存在しない。実務において公認会計士がバリュエーションを行うことは多いが，上記のような制度が適用されるわけではない。

　また，会計や監査，税務など他の専門的業務と比較すると，バリュエーションの業務は評価者の判断あるいは裁量の余地が大きい。とりわけDCF法を代表的手法とするインカムアプローチを採用する場合，企業が将来稼得するキャッシュフローを予測し，さらにその不確実性に基づく割引率を推定し，割引現在価値としての企業価値を算定するというプロセスを要する。すなわち，

19　一般に公正妥当と認められる「公正なる会計慣行」を規範としている。公正なる会計慣行とは，1949年に大蔵省企業会計審議会が定めた「企業会計原則」を中心とし，同審議会が設定してきた会計基準と，2001年からは企業会計基準委員会が設定した会計基準を合わせたものを指しており，金融商品取引法，会社法，税法などの運用において利用されている。

20　日本公認会計士協会法規委員会研究報告第1号「公認会計士等の法的責任について」最終改正平成28年7月25日。

21　例えば，中国において，税務報告の目的で評価業務を行う評価者（評価機関）を認定制とするという例がある。

バリュエーションは観察可能な現在または過去の数値を収集するだけではなく，まだ実現していない将来の数値を予測することが必要となるから，評価者の推定や判断が重要となる。その他の手法においても，インプットの選択をはじめとして多数の経済的論点があり，それぞれについて専門的判断が求められる。したがって，バリュエーションは最終的には評価者の意見となる。

バリュエーションが評価者の意見であるとすれば，何によってその信頼性を担保するのかという点が問題となる。バリュエーションが合理的かどうかの判断において参考とされる資料としては，日本公認会計士協会が発行する「企業価値評価ガイドライン」やバリュエーションに係る多数の書籍が存在しているし，専門家の間では，バリュエーションに係る国際的な基準設定機関である国際評価基準審議会（IVSC）が制定する国際評価基準（IVS）[22]なども参照されている。IVSはバリュエーションの技法について広くカバーしているが，筆者の理解では，一定の手法を機械的に適用することを求めるものではなく，主として評価者が判断する上での基本的な考え方を述べており，その内容も一般的かつ常識的なものとなっている。換言すれば，バリュエーションが最終的には評価者の意見である以上，会計基準のように細部についてまで判断原則を示すものではなく，相当の裁量余地を残しているといえる。

もう1つ，バリュエーションの客観性の観点から重要なポイントは，評価者（評価機関）の独立性と職業倫理（プロフェッショナル・スタンダード）である。客観的な評価のための前提となる独立性，すなわち評価者が取引当事者から独立した第三者の立場に立っているかどうかについては，通常，資本関係や業務面での関係などの外形的基準で判断される。とはいえ，監査法人に対して適用される独立性の基準[23]などと比べれば厳密ではないし，最終的には，評価

22　IVSはバリュエーションに係る国際的な整合性や透明性の確保を目的として制定されたものであり，①IVSに準拠する評価者が従うべき一般原則について述べる「IVSフレームワーク」，②評価業務の条件や価値の種類，評価手法やレポーティングを含む評価業務を遂行するにあたっての要件を説明する「IVS一般基準」，③特定の種類の資産の評価の際，資産特有の価格形成要因についての情報や，通常採用されている評価手法に係る追加的要件を含む「IVS資産別基準」の3段階で構成されている。

23　日本公認会計士協会「倫理規則」最終改正2022年7月25日，パート4A，4B。

者にとってクライアント（取引当事者）から評価報酬を受け取るという構造は避けがたい。このため，外形的には独立的な評価機関であっても，クライアントの望む価格に近付けるようバリュエーションを行うインセンティブが働くことは珍しくはない。

　最後に残るのは，評価者（評価機関）の職業倫理である。会計分野であれば日本公認会計士協会の倫理規則[24]があり，例えば，「適切な行動に反する行為を迫るプレッシャーに直面した場合」や「適切な行動をとることが個人若しくは組織にとって不利な結果をもたらす可能性がある場合」でも適切な行動をとる強い意志を持つよう求める誠実性の基準が定められている[25]。同様の脅威はバリュエーション業務においても生じうるものであり，上記IVSCによる職業倫理基準（Professional Standards）がバリュエーション業務に係る同様の基準になりうるといえるが，実務において広く浸透しているとはいい難い。明示的な倫理規則がないとしても，米国のように訴訟リスク（損害賠償請求訴訟など）が高い場合には，それ自体が評価者（評価機関）にとってのプレッシャーとなるし，これに関連してレピュテーションが低下することも評価者に一定の規律を求める要因となるといえるが，わが国ではそのような状況はない。

　このように，バリュエーションの分野では，制度上，またその性質上，一定のクオリティが保証された同質的な結果を提供することが難しく，したがって同一の企業を対象とする場合であっても，評価者（評価機関）によって結果が大きく異なることは珍しくはない。とりわけスタートアップ企業の場合，後述するように，一般的な企業の場合と比べリスクや成長の前提が複雑であり，判断が困難となる側面が多い。

　バリュエーションの利用者はこのような限界，すなわち，評価者（評価機関）の立場や資質によって評価が変わりうることを理解した上で，バリュエー

24　日本公認会計士協会の倫理規則においては，①誠実性の原則，②客観性の原則，③職業的専門家としての能力及び正当な注意の原則，④守秘義務の原則，⑤職業的専門家としての行動の原則，という5つの原則が規定され，特定の状況において適用すべき概念的枠組みアプローチが説明されている。

25　同上，サブセクション111。

ションレポートを批判的に分析することが望ましい。そのためには専門家でない利用者についても一定程度，バリュエーションの理論や技術についての知識や理解が必要となるが，これら論点につき交渉の当事者双方が議論を重ねることにより，実質的に意味のある，合理的な価格形成が期待できるといえる。そしてそうした当事者間の議論の土台として，たとえ限界があるにしても専門家によるバリュエーションレポートや助言は重要な役割を果たすといえる。

第4節　評価手法の枠組み

（1）　インカムアプローチ，マーケットアプローチ，ネットアセットアプローチ

　バリュエーションの実務において，株式を含む資産の価値評価の手法は一般的に，インカムアプローチ，マーケットアプローチ，ネットアセットアプローチの3つに分類される。それぞれさらにいくつかのバリエーションがあるが，対象会社のビジネスや入手可能な情報について検討した上で，ケースごとに最適な評価アプローチを採用する必要がある（**図表2-4-1参照**）。

　インカムアプローチとは，対象会社から将来期待できる収益を基礎として対象会社の価値を求める方法であり，代表的な手法としては，ディスカウントキャッシュフロー法（DCF法）がある。DCF法は，対象会社から将来得られると予想されるキャッシュフローを，リスクを適切に反映した割引率で現在価値に還元することで会社の価値を求める手法である。インカムアプローチ，中でもDCF法のメリットは，個々の企業の特徴や事情に合わせて，カスタマイズした評価ができることである。すなわち，将来キャッシュフローの獲得能力を，対象会社の経営者による将来見積などにより予測し，評価に反映させることができる。反面，キャッシュフローの見積りや，割引率，ターミナルバリューの推定に係る各種インプットの選択など，多くの場面において，客観性を担保することが困難な場合がある。

（図表2-4-1）　主な価値評価手法の概要とメリット，デメリット[26]

評価法	検討項目	概要
インカムアプローチ	概要	評価対象会社から期待されるキャッシュフローないし利益に基づいて価値を算定する方法。
	メリット	将来キャッシュフローの獲得能力を，評価対象会社独自の将来見積りなどにより予測し，評価に反映させることができるので，評価対象会社が持つ固有の価値を示すことができるというメリットがある。
	デメリット	評価対象会社から入手する将来計画等の客観性を担保することが困難な場合がある。
	手法例	フリー・キャッシュフロー法（DCF法），調整現在価値法，残余利益法，配当還元法，利益還元法
マーケットアプローチ	概要	市場株価を参照，あるいは上場している同業他社や類似取引事例など，類似する会社，事業，あるいは取引事例と比較することにより相対的に価値を評価する方法。
	メリット	株式市場では多くの市場参加者の取引を通じて，合理的な企業価値についての意見が反映された客観的な価格が形成されるから，日々の市場環境および企業固有の状況を反映した客観的な評価が可能。
	デメリット	短期的には大量取引等により本源的な価値を反映しない，あるいは取引量が少なく市場の価格形成が効率的でないこともある。
	手法例	市場株価法，類似上場会社法（倍率法，乗数法），類似取引法，取引事例法
ネットアセットアプローチ	概要	会社の純資産を基準に評価する方法。
	メリット	非継続企業としての価値評価に適する。あるいは継続企業であっても，資産の運用から得られる収益がキャッシュフローの大半を占めている場合は，主要な資産の時価評価を前提とした純資産により，企業価値を評価することができる。
	デメリット	成長企業の場合，将来の収益獲得能力を適正に把握できない可能性がある。また，無形資産等が価値の源泉である場合，評価が困難。
	手法例	簿価純資産法，時価純資産法（修正簿価純資産法）

26　日本公認会計士協会『企業価値評価ガイドライン（増補版）』（日本公認会計士協会出版局，2010年），マッキンゼー・アンド・カンパニー（本田桂子監訳）『企業価値評価 第4版 上（および下）』（ダイヤモンド社，2006年），伊藤邦雄『ゼミナール企業価値評価』（日本経済新聞出版社，2007年）等を参照して作成した。

　マーケットアプローチは，市場において形成された価格を基礎とする方法であり，直接，市場株価を参照する市場株価法，あるいは上場している同業他社など，類似する会社や事業と比較することで相対的な評価を求める類似上場会社法，類似する過去のM&A取引と比較する類似取引法などがある。株式市場では多くの市場参加者の取引を通じて，合理的な企業価値についての意見が反映された客観的な価格が形成されると考えられているから，マーケットアプローチの最大のメリットは，日々の市場環境および企業固有の状況を反映した客観的な評価が可能という点である。一方で，短期的には大量取引等により本源的な価値を反映しない，あるいは取引量が少なく市場の価格形成が効率的でないこともある。

　ネットアセットアプローチは，企業の純資産を基準に株価を評価する方法であり，バランスシート上の資産と負債を時価で再評価し，純資産額を計算し，1株当たりの時価ベースの純資産額を株式価値として求める時価純資産法が一般的である。時価純資産法のメリットは客観性である。企業が保有する資産につき，客観的に観察可能な時価に基づき評価することで，主観的評価によらず，評価時点の企業価値を求めることができる。しかし，通常，企業は時価評価が困難な人的資産や無形資産等を保有しこれらを有効活用することでキャッシュフローを獲得し，企業価値を形成している。また，将来の事業の成長期待が資産の時価に反映されない場合，同手法により継続企業としての価値を評価させることは困難である。つまり，同手法のデメリットはこのような継続企業を前提とした，人的資産や無形資産等，あるいは成長期待を適正に評価できないことといえる。

（2）　スタートアップ企業のバリュエーションの特徴

　一般的な企業の場合と比べて，スタートアップ企業のバリュエーションは多くの困難を伴う。その理由として，スタートアップ企業が以下のような特徴を有していることが指摘できる。

- 不十分な財務データ

  スタートアップ企業，とりわけシードステージやアーリーステージの企業は創業後の実績が蓄積されておらず，売上が未だ実現していない，あるいは利益がマイナスといった場合も多い。利益があるとしても，一過性のものか持続的なものか判断がつきにくい。また，費用の相当部分は研究開発や将来の顧客を獲得するためのマーケティング費用など，会計上は当年の費用として計上されるとしても，将来のキャッシュフローを生むための投資としての性格を持つから，これに基づく利益の解釈には注意を要するといえる。

- 不確実性（リスク）の高さ

  上記のとおり，信頼できる財務データが存在しない，あるいは十分でないから，スタートアップ企業の将来予測は多くの不確実性を伴う。また，スタートアップ企業の多くは経営基盤が確立されておらず，一般的な企業と比べ，破綻するリスクが高い。これらのリスクは長期間を通じて一定というわけではなく，事業ステージの変化に合わせて変わっていく。

- 複雑な成長シナリオ

  当初の期間において急激な成長が見込まれ，次第に成長スピードがスローダウンし，安定的な成長段階に移行していく。つまり一般的な企業と比べ，比較的高い成長の期間が長く続き，その期間の中で事業ステージの変化に伴って成長の速度も変化していく。

　このように，スタートアップ企業は，リスクと成長というバリュエーションの最も重要な前提が一般的な企業と大きく異なり，それを分析するための情報も限られているといえる。不確実性と複雑さの下，実務との折り合いと一定の合理性と客観性確保を模索した結果，スコアリングカード法やベンチャーキャピタル・メソッド，ファーストシカゴ・メソッドなどの簡易的手法が開発され，多くのケースで利用されている（第3章で詳しく述べる）。

　より合理的なバリュエーションの手法であるインカムアプローチを採用する場合には，将来キャッシュフローの予測について，一般的な企業の場合には必要とされない，いくつかの工夫が求められる。また，破綻リスクの高さを含む，スタートアップ企業の複雑なリスク構造を反映させるため，割引率の算定にも特別な配慮が必要とされる（第5章で詳しく述べる）。

　マーケットアプローチを採用する場合においても，スタートアップ企業のリスクと成長の状況が一般的な企業と大きく異なることに関連して，特別な注意が必要となる。まず，マーケットアプローチの代表的な手法の1つである類似上場企業法において，リスクと成長の状況をなるべく近いものとするため，一般的な基準に加え，事業ステージの観点からの比較可能性の検討が求められる（第4章で述べる）。

　ネットアセットアプローチについて検討すると，スタートアップ企業のバリュエーション手法としては，他の手法と比べ，使用は困難である。スタートアップ企業の企業価値とは結局のところ，不確実であるものの高い成長期待に基づくものであり，それを生み出すものが設備などの有形固定資産や金融資産ではなく，研究開発の結果獲得した様々な技術やノウハウ，起業家を含む中核的役職員の人的資本など，無形資産に基づくものである。これらの無形資産の形成に要したコストは，会計上は投資ではなく費用として計上され，時価評価も容易ではない。

　とはいえ，ネットアセットアプローチは，他の手法では評価が困難な場合，あるいは他の手法による評価について当事者間の意見の隔たりが大きい場合，最小限の価値について客観的な情報を提供するという役割を有していると理解されている[27]。スタートアップ企業についてネットアセットアプローチの採用が不合理ではないケース，および評価の前提などについては第6章で解説する。

27　日本公認会計士協会編『企業価値評価ガイドライン（増補版）』（日本公認会計士協会出版局，2010年），318頁。

第3章

シードステージ／アーリーステージ
企業の評価手法

第1節　概　　要

　前章で述べたとおり，一般的な企業の場合と比べて，スタートアップ企業の
バリュエーションは多くの困難を伴う。スタートアップ企業は，①不十分な財
務データ，②不確実性（リスク）の高さ，③複雑な成長シナリオ，といった特
徴を有している，つまり，リスクと成長というバリュエーションの最も重要な
前提が一般的な企業と大きく異なり，それを分析するための情報も限られてい
るからである。

　このような特徴はスタートアップ企業の中でも，シードステージやアーリー
ステージといった比較的早期の企業において特に顕著である。一方で，シード
ステージやアーリーステージの企業についても（比較的小規模ではあるが）旺
盛な資金調達のニーズがあり，投資家サイドもこれに応える必要がある以上，
何らかの評価手法が求められる。この点，米国のベンチャーキャピタル市場に
おいては，シードステージやアーリーステージの企業について，正確な評価が
困難であるとしても，不合理な結果に陥らないよう，様々な評価手法が考案さ
れてきた。本書ではこれらの評価手法のうち以下の5つの手法を紹介するが，
これら手法が確立されたものとして認められているわけではないし，簡易的な
プロセスを含むため，その信頼性にはやはり限界があることには留意すべきで
ある。

　・スコアリングカード法（ペイン・メソッド）
　・スコアリングカード法（リスクファクター集計法）
　・スコアリングカード法（バーカス・メソッド）
　・ベンチャーキャピタル・メソッド
　・ファーストシカゴ・メソッド

第2節　スコアリングカード法（ペイン・メソッド）

　スコアリングカード法とは，一定の業種や地域，企業のライフサイクルステージなどにおいて，評価対象企業がベンチマークに対してどの程度優劣があるかを，いくつかの考慮要素ごとに判断して評価を行うものである。スコアリングカード法にはいくつかのバリエーションがあるが，ここでは主なものとして①ペイン・メソッド，②リスクファクター・メソッド，③バーカス・メソッドを紹介する。

　ペイン・メソッド（Payne Method）は，William Payneによって提唱された手法であり[1]，次のようなステップにより評価が行われる。

ステップ1：ベンチマーク企業の設定

　評価にあたり，まずベンチマーク企業を設定する。ベンチマーク企業としては，対象企業が属する業種や地域，ライフサイクルなどの視点から比較可能な企業を選定し，直近の資金調達などの際に使用されたプレマネー（資金調達前）評価を参照する。複数の比較可能企業のデータが参照可能な場合には，その平均や中央値を用いる。そして，後述する7項目それぞれにつきベンチマーク企業の評価を100としたとき，対象企業の評価がどれほどの水準となるかを評価する。ベンチマーク企業よりも優れている場合には100以上となり，劣っている場合には100未満となる。

ステップ2：評価項目とウェイトの設定

　ペイン・メソッドでは，シード段階のスタートアップ企業の企業価値に影響を与えるポイントとして，以下の7項目が提示されている。これら項目について評価を行うが，それぞれに対してウェイトが付加されており，項目ごとに評

1　William Payne, "Valuation 101: Scorecard Valuation Methodology", October 19, 2011, blog.gust. com.

価の重みが異なっている。

図表3-2-1 ペイン・メソッドにおける評価項目とウェイト

#	評価項目	ウェイト
1	起業家とチームの強み	30.0%
2	想定事業規模	25.0%
3	製品と技術	15.0%
4	競争上の環境	10.0%
5	マーケティング・販売・パートナーシップ	10.0%
6	追加的な投資需要	5.0%
7	その他	5.0%
	合計	100.0%

　上記の項目のうち，「起業家とチームの強み」のウェイト30％は，「製品と技術」のウェイト（15％）の２倍であり，いかに人的側面が重視されているかが理解できる。具体的な評価の視点としては，起業家や中核的な従業員の対象業界における経歴の長さ，リーダーシップや業務執行能力などが評価されるが，投資家の視点からは，起業家が一定のマイルストーンを達成後，より経験のあるCEOにバトンタッチする意図があるかなども考慮要素となりうる。次に重要視されるのが「想定事業規模」であり，具体的には近い将来の売上規模である。企業価値は利益，およびその基礎となる売上の規模に比例するから，この項目が重視されるのは当然といえる。この他，「製品と技術」は魅力ある製品やユニークな技術を有しているか，「競争上の環境」は市場における競合との関係など競争上の要因，「マーケティング・販売・パートナーシップ」は営業面での優位点など，「追加的な投資需要」は将来の投資に係る考慮要素を示している。

　これらの項目ごとの評価は一定の視点はあるものの，最終的には評価者の主観によるものであり，対象企業の人材や業務内容，属する業界や市場などについての理解が必要となることはいうまでもない。ウェイトについても，上記の

とおり標準的なウェイトは提示されているものの，評価者の判断によって一定の修正が可能である。例えば，重要な特許がカギとなるテクノロジー業界の場合に「製品と技術」のウェイトを15％から20％に変更するなどの修正がありうることはペイン自身認めている[2]。

ステップ3：評価ファクターの計算

次に，それぞれの評価項目につき，ウェイトと対ベンチマーク企業の評価を掛け合わせて，評価ファクターを計算する。

ステップ4：プレマネー／ポストマネー評価と所有比率

対象企業のプレマネー評価は，ベンチマーク企業の最近の資金調達事例などから明らかとなったプレマネー評価額に対して，上記ステップ3で求めた評価ファクターの合計を乗じることで求める。さらに，プレマネー評価に資金調達ラウンドにおける投資額を加えたものがポストマネー評価となり，これに対する投資額の比率が，投資家が求めるべき対象会社の出資比率となる。

> 出資比率＝投資額÷（プレマネー評価＋投資額）

Case3-2-1 ペイン・メソッドによる評価例（アルファリサーチ社）

以下では仮設例として，情報通信機器向け半導体開発設計を手掛けるスタートアップ企業であるアルファリサーチ社（仮称）について，ペイン・メソッドによる評価を行う。アルファリサーチ社は設立後2年を経たシードステージの企業であり，最近になって本格的な開発プロジェクトが立ち上がったものの，未だ売上が実現していない。

2　William Payne, "The Definitive Guide to Raising Money from Angels", Bill Payne, 2006, p.75.

ステップ1：ベンチマーク企業の設定

　ペイン・メソッドによる評価を行うにあたって，まず，アルファリサーチ社のベンチマークとして，同様に半導体関連のスタートアップであり，最近資金調達において140百万円のプレマネー評価を得たベータテック社（仮称）を選択した。

ステップ2：評価項目とウェイトの設定

　次に，ベンチマーク企業との比較において相対評価を行う際の評価項目とそれぞれのウェイトを**図表3-2-2**（a）のとおり設定した。それぞれについて評価を検討すると，「起業家とチームの強み」について，アルファリサーチ社の創業者は大手エレクトロニクス企業のエンジニア出身であり，商業的な成功を収めた製品開発を主導した経験，および有能なスタッフから構成されるチームを有している。このため，「起業家とチームの強み」は150％であるが，これはベータテック社よりも大幅に高い評価となったことを示している。

　同社はまた，最新のコンピュータ技術を応用して，他社にはないエネルギー効率の高い半導体回路の設計を可能とする技術を開発中であり，一定のマイルストーンに到達し，1年後をめどに試験的運用に入ることを計画している。これらを評価して，「製品と技術」の評価は120％となっている。

ステップ3：評価ファクターの計算

　次にそれぞれの評価項目につき，評価ファクターを計算する。アルファリサーチ社の場合，例えば「起業家とチームの強み」のウェイトは30％，対ベンチマーク企業の評価は150％であったから，評価ファクターは0.45（＝30％×150％）である。その他の評価項目についても同様に，評価ファクターを計算すると**図表3-2-2**（c）のとおりとなり，その合計は1.08となる。

ステップ4：プレマネー／ポストマネー評価と所有比率

　このステップでは，ベンチマーク企業の最近の資金調達事例などから明らかとなったプレマネー評価額に対して，上記ステップ3で求めた評価ファクターの合計を乗じ，アルファリサーチ社のプレマネー評価を求める。ベンチマーク企業であるベータテック社のプレマネー評価が140百万円であり，これに対してステップ3の分析結果

である1.08を乗じると，アルファリサーチ社のプレマネー評価は約151百万円となる。これに対して，今回の資金調達ラウンドにおける投資額20百万円を加えた約171百万円がアルファリサーチ社のポストマネー評価となる。**図表3-2-2**［6］のとおり，上記の投資額20百万円はポストマネー評価額の11.7％であるから，投資家が求めるべきアルファリサーチ社の株式は全体の11.7％となる。

図表3-2-2　ペイン・メソッドによる評価例（アルファリサーチ社）

#	評価項目	ウェイト (a)	対ベンチマーク (b)	評価ファクター (c)=(a)×(b)	
1	起業家とチームの強み	30.0%	150.0%	0.45	
2	想定される市場規模	25.0%	85.0%	0.21	
3	製品と技術	15.0%	120.0%	0.18	
4	競争上の環境	10.0%	80.0%	0.08	
5	マーケティング・販売・パートナーシップ	10.0%	85.0%	0.09	
6	追加的な投資需要	5.0%	75.0%	0.04	
7	その他	5.0%	65.0%	0.03	
	合計	100.0%		1.08	[1]
	ベンチマーク企業のプレマネー評価			140	[2]
	対象企業のプレマネー評価			151	[3]=[1]×[2]
	投資額			20	[4]
	対象企業のポストマネー評価			171	[5]=[3]+[4]
	求められる所有比率			11.7%	[6]=[4]÷[5]

第3節　スコアリングカード法（リスクファクター集計法）

　リスクファクター集計法（RFS: Risk Factor Summation Method）は，ペイン・メソッドと同様，売上がまだないシードステージやアーリーステージの企

業に適用可能な簡易的手法である。ペイン・メソッドと同様，ベンチマーク企業との比較により評価を行うが，リスクの高低が企業価値と負の相関関係にある，つまりリスクが高ければ高いほど企業価値が低く，低ければ低いほど企業価値が高いという点に着目している。リスクファクター集計法は，12のリスク要因について，－2から＋2まで5段階評価を行い，1段階につき25万ドル（本書の事例では25百万円とする）ずつ，ベンチマーク企業の評価に対して評価額を調整するため，簡易的な運用が可能な一方，それぞれの要因についての調整額をペイン・メソッドのようにウェイト付けしてより細かな評価を行うことができないという特徴を有する。具体的には次のようなステップにより評価が行われる。

ステップ1：ベンチマーク企業の設定

ペイン・メソッドと同様，評価にあたり，対象企業が属する業種や地域，ライフサイクルなどの視点から比較可能なベンチマーク企業を選定し，直近の資金調達などの際使用されたプレマネー評価を参照する。複数の比較可能企業のデータが参照可能な場合には，その平均や中央値を用いる。

ステップ2：評価項目と評価調整

リスクファクター集計法においては，図表3-3-1のような12のリスク要因が考慮される。

ステップ3：評価調整額の計算

次に，上記のリスク要因のそれぞれにつき，－2から＋2までの5段階の評価を行う。＋2であればベンチマーク企業と比べて，リスク緩和・回避の程度が非常に高い，＋1であればその程度が高い，0は中立，－1であればその程度が低い，－2であればその程度が非常に低いことを意味している。そして，それぞれの評価に応じて，25万ドル（本書の事例では25百万円とする）の評価を付与する。つまり，評価が0であればベンチマーク評価額への付加はなし，

$$\boxed{\text{図表 3 - 3 - 1}}\quad \text{リスクファクター集計法におけるリスク要因}$$

#	リスク要因	概要
1）	経営者リスク	経営者の経験や能力に係るリスク
2）	事業ステージ・リスク	初期的ステージで事業の安定性が不十分など，事業ステージに関連するリスク
3）	政治リスク	政府の規制や産業政策など企業のコントロールが及ばない領域に係るリスク
4）	サプライチェーン・リスク	サプライチェーンにおける供給停止など製造プロセスに係るリスク
5）	販売・マーケティング関連リスク	販売やマーケティング活動において障害が生じるリスク
6）	資本調達リスク	将来の投資のために必要な資本調達が十分にできなくなるリスク
7）	競争上のリスク	市場における競合との競争上，十分な競争力を獲得できないリスク
8）	技術関連リスク	必要な技術を開発できないリスク
9）	訴訟リスク	特許侵害などを理由として訴訟を提起されるリスク
10）	海外事業リスク	発展途上国での事業が大きい場合など，国際的な政治経済環境に影響を受けるリスク
11）	レピュテーション・リスク	不祥事により不名誉な評判が立つなどのリスク
12）	エグジット・バリュー・リスク	利益が得られるエグジットが困難となるリスク

1であれば25万ドル（同，2,500万円），2であれば50万ドル（同，5,000万円）を付加する。逆に－1であれば25万ドル（同，2,500万円），2であれば50万ドル（同，5,000万円）をベンチマーク評価額から減額する。

ステップ4：プレマネー／ポストマネー評価と所有比率

　リスクファクター集計法による対象企業のプレマネー評価は，ベンチマーク企業の最近の資金調達事例などから明らかとなったプレマネー評価額に対して，上記ステップ3で求めた評価調整額の合計を加えることで求めることができる。さらに，プレマネー評価に資金調達ラウンドにおける投資額を加えたものがポ

リスク評価と評価調整額

リスク評価	リスク緩和・回避の程度	評価調整額
2	非常に高い	$500,000
1	高い	$250,000
0	中立	0
−1	低い	−$250,000
−2	非常に低い	−$500,000

ストマネー評価となり，これに対する投資額の比率が，投資家が求めるべき対象会社の出資比率となる。

Case3-3-1　リスクファクター集計法による評価例（アルファリサーチ社）

　ペイン・メソッドの場合と同様，アルファリサーチ社の事例を用いる。図表3-3-3 (a) のとおり，12のリスク要因それぞれについて，ベンチマーク企業であるベータテック社との比較の観点から−2から＋2までの評価が行われ，それぞれにつき調整額が加算あるいは減算される。上述のとおり，同社は経験豊富なリーダーとスタッフからなる強固なチームを有しているため，経営者リスクに係る評価は高く（＋2），エネルギー効率の高い半導体回路を設計する技術についても試験的運用のプロセスに入るメドが立っているため，技術関連リスクについての評価も高い（＋1）。一方で，販売・マーケティングについてはまだ準備不足の状態であるため，これらについてのリスクの評価が比較的低い（−1）。また，上記の半導体設計技術と一部関連する技術の特許を有する米国企業が存在することが判明したため，訴訟リスクについては低い評価となっている（−1）。

　このような評価を基礎として評価調整額を計算しこれを合計すると，図表3-3-3 [1] のとおり25百万円となる。ペイン・メソッドの場合と同様，ベンチマーク企業のプレマネー評価が140百万円とすると，これに上記の25百万円を加えた165百万円が対象会社のプレマネー評価となる。ポストマネー評価は，今回の資金調達ラウンドにおける投資額20百万円を加えた185百万円である。上記の投資額20百万円はポストマネー評価額の10.8％に相当するから，投資家が求めるべきアルファリサーチ社の株式は全体の10.8％となる。

図表3-3-3　リスクファクター集計法による評価例（アルファリサーチ社）

#	リスク要因	評価 (a)	評価調整額 (b)=(a)×25	
1	経営者リスク	+2	50	
2	事業ステージ・リスク	0	0	
3	政治リスク	0	0	
4	サプライチェーン・リスク	0	0	
5	販売・マーケティング関連リスク	−1	−25	
6	資本調達リスク	0	0	
7	競争上のリスク	0	0	
8	技術関連リスク	+1	25	
9	訴訟リスク	−1	−25	
10	海外事業リスク	0	0	
11	レピュテーション・リスク	0	0	
12	エグジット・バリュー・リスク	0	0	
	合計		25	[1]
	ベンチマーク企業のプレマネー評価		140	[2]
	対象企業のプレマネー評価		165	[3]=[1]+[2]
	投資額		20	[4]
	対象企業のポストマネー評価		185	[5]=[3]+[4]
	求められる所有比率		10.8%	[6]=[4]÷[5]

第4節　スコアリングカード法（バーカス・メソッド）

　バーカス・メソッド（Berkus Method）は，David Berkus氏が提唱した手法であり，エンジェル投資家の間で長い期間にわたって利用されている。バーカス・メソッド（当初バージョン）の特徴は，スタートアップ企業のプレマネー評価上限を2.5百万ドル（本書の事例では250百万円とする）に設定し，5つのマイルストーン項目ごとに達成率を考慮して評価を行うことである。プレマネー上限額とは，すべてのマイルストーンが完全に達成された企業を想定し

た場合，投資家が受入可能なリターンを得られる投資額と理解できる。一律に
プレマネー上限額を設定するため柔軟性に欠けるが，ベンチマーク企業のプレ
マネー評価額の情報がなくとも利用可能であるというメリットがある。バーカ
ス・メソッドの評価ステップを示すと，以下のとおりである。

ステップ１：マイルストーンの設定

　上記のとおり，プレマネー評価の上限額を2.5百万ドルとし，**図表３-４-１**
の５つの中核的マイルストーン項目ごとに均等に50万ドル（同上，50百万円）
分配する。これらマイルストーン項目のうち，「堅実な事業構想」とは，目に
見える資産やトラックレコードを持たないシードステージ，アーリーステージ
の企業にとって最も重要な要素であるアイデア（事業構想）に係るものであり，
他社にない革新性を有するか，実現可能性を有するかなどがポイントとなる。
「プロトタイプ」とは，中核的な技術について一定の実現可能性を有する段階
に至っているかどうかを評価する項目である。「質の高いマネジメント」は，
ペイン・メソッドやリスクファクター集計法でも評価項目となっていたが，創
業者やマネジメントチームの経験や資質について評価を行うものである。「戦
略的関係」とは，事業展開に有利となるようなパートナー（業務提携先や取引
先）を有するかどうか，「製品展開・販売」は商業的成功のカギとなる製造プ
ロセスや販売プロセスに係るリスクの大小を評価するものといえる。
　これらのマイルストーン項目は，業界ごとに変わりうる。当初，バーカス・
メソッドはテクノロジー業界を前提として設計されていたが，例えば，ヘルス
ケア業界においては治験のステージや当局の承認などが重要なマイルストーン
になりうる。また業界ごと，タイミングごとにプレマネー評価額の水準も異な
る。最近のプレマネー評価額の水準は，全体的に高額化しており，近年では業
界ごと，年度ごとにアップデートされたバージョンが利用されている。

ステップ２：達成率の評価

　ステップ１で設定したマイルストーン項目ごとに，対象企業の達成率を評価

　バーカス・メソッドにおけるマイルストーン

マイルストーン	対応するリスク	評価額上限
堅実な事業構想	イノベーションリスク	$500,000
プロトタイプ	技術リスク	$500,000
質の高いマネジメント	業務執行リスク	$500,000
戦略的関係	マーケティングリスク	$500,000
製品展開・販売	製品リスク	$500,000

する。この際，ベンチマーク企業の達成率について評価が得られれば，対象企業について相対的な評価が可能であり，望ましいといえる。

ステップ3：プレマネー／ポストマネー評価と所有比率

　最終的なプレマネー評価額は，それぞれのマイルストーンのプレマネー上限額に対し達成率を乗じた評価額の合計値として求められる。プレマネー評価に資金調達ラウンドにおける投資額を加えたものがポストマネー評価となり，これに対する投資額の比率が，投資家が求めるべき対象会社の出資比率となる。

Case3-4-1　バーカス・メソッドによる評価例（アルファリサーチ社）

　上記と同様，アルファリサーチ社の事例を使用すると，まず，ベンチマーク対象となるベータテック社について，それぞれのマイルストーンについて達成度の評価を行ったところ，図表3-4-2（a）のとおりとなった。アルファリサーチ社についても同様の評価を行ったところ，「堅実な事業構想」については，同社は自社の技術を活用した事業の将来像を明確に持っており，ベンチマーク並みの80％と評価した。「プロトタイプ」については技術開発の進捗が順調であり90％，「質の高いマネジメント」については上記ですでに述べたとおり豊富な経験を有する強固なマネジメントチームを有しているので100％とする。一方でマーケティングや販売関係の面では提携先の獲得や具体的な販売計画の策定など出遅れ感があるため，「戦略的関係」についての到達度は20％，「製品展開・販売」については0％とする。

　上記のようなアルファリサーチ社とベータテック社についての評価に基づき分析

を行うと，例えば「堅実な事業構想」については，評価額は40百万円（＝50百万円×80％）と評価され，その他の項目も**図表3-4-2**（c）のとおりとなった。これらを合計したプレマネー評価額は145百万円と計算される。これに今回の資金調達ラウンドにおける投資額20百万円を加えた165百万円がポストマネー評価額となる。上記の投資額20百万円はポストマネー評価額の12.1％に相当するから，投資家が求めるべきアルファリサーチ社の株式は全体の12.1％となる。

図表3-4-2 バーカス・メソッドによる評価例（アルファリサーチ社）

#	リスク要因	達成度 (a)	ベンチマーク (b)	評価額 (c)=50×(a)	
1	堅実な事業構想	80%	80%	40	
2	プロトタイプ	90%	80%	45	
3	質の高いマネジメント	100%	80%	50	
4	戦略的関係	20%	50%	10	
5	製品展開・販売	0%	20%	0	
	合計： 対象企業のプレマネー評価			145	[2]
	投資額			20	[3]
	対象企業のポストマネー評価			165	[4]＝[2]＋[3]
	求められる所有比率			12.1%	[5]＝[3]÷[4]

第5節　ベンチャーキャピタル・メソッド

ベンチャーキャピタル・メソッド（VCメソッド）は，1987年にハーバード・ビジネススクールのWilliam Sahlman教授により提唱された評価手法であり，取引の交渉において広く利用されている。同手法の基本的考え方は，対象企業のポストマネー評価は，予想されるエグジット時点の企業価値（エグジットバリュー）の割引現在価値であるということであり，後述するディスカウントキャッシュフロー（DCF）法と共通する部分がある。ここで割引率として使

用するのは，ベンチャーキャピタル投資家が目標とするリスク調整後のリターンである。以下［3-5-1］式は，上記を数式として表したものであり，Tは投資時点からエグジットまでの期間である。

$$\text{ポストマネー評価} = \frac{\text{エグジットバリュー}}{(1 + \text{割引率})^T} \quad [3\text{-}5\text{-}1]$$

VCメソッドの評価プロセスの概要は以下のとおりである。

ステップ1：エグジット時点の企業価値（エグジットバリュー）の推定

VCメソッドの出発点は，エグジットまでの期間およびエグジット時点の企業価値の見積りである。シードステージのスタートアップ企業への投資は通常，数年間のホライズンを前提としているが，エグジット時点での企業価値（エグジットバリュー）の推定方法としては以下のような方法がある。

- 類似取引事例に基づく推定：業種や市場，地域などが類似するスタートアップ企業のIPOやM&A事例を参照して比較可能事例を入手し，それらの平均値をエグジット時点の評価額として利用する。類似事例と比較して対象企業や事例に固有の要因がある場合には，評価額を調整することが必要な場合もある。
- マルチプルによる推定：現在はまだ売上がない状況でも，エグジット時点で一定の売上や利益が想定され，合理的な推定が可能な場合，同種の業種で上場後比較的時間が経過していない企業のマルチプル（売上や利益指標に対する株価の倍率）を分析し，対象企業の売上や利益を乗じることで企業価値を推定する。このように，類似企業のマルチプルを使って一定期間後の企業価値を推定する方法は，後述するように，一般的なDCF法においても利用されている。

エグジットバリューの推定方法としては，マルチプルを使用する方法のほうが一般的であるが，いくつか留意すべき点がある。すなわち，VCメソッドに

よる評価の相当部分がマルチプルによって決定されることになるが，例えば売上に対する企業価値（EV：Enterprise Value）の比率であるEV/Salesを用いる場合，企業サイドではエグジット時点の売上をなるべく高く，投資家サイドはなるべく低く見積もる傾向が生じる。DCF法についてのセクションで説明するようなシステマティックなアプローチによる事業計画が存在しない場合，見積りについての客観性が担保されず，結局のところ合理的な評価というよりは評価自体が当事者間の交渉事に陥るリスクがある[3]。また，マルチプルを適用するタイミングが適切かどうかも問題となりうる。例えば，5年後のエグジットを前提とする評価の場合，対象企業が6年目以降も比較的高い成長を期待されている一方で，類似企業については安定的な成長が続くと見込まれている場合，類似企業のマルチプルを適用して評価すると実態よりも過小評価となってしまう可能性がある。

ステップ2：割引率の推定

　割引率として，スタートアップ企業への投資についてVC投資家が要求するリターン（VCレート）を適用する。わが国においてはVCレートの参考値となるような一般的な統計があるわけではないが，実務において，米国の研究データなどを参考として使用することが多い。図表3-5-1のデータは米国公認会計士協会（AICPA）が発行するスタートアップ企業評価に係るガイドライン[4]（以下，「AICPAガイドライン」という）において紹介されている主要文献に基づく数値であり，VCへの聞き取り調査に基づくスタートアップ企業のステージごとの要求リターンが明らかにされている。なお，スタートアップ企業は成熟した企業と異なり，当初計画どおりに事業が運営できず，解散または清算するリスクが比較的大きい。したがって，評価にはそのような破綻リスクを反映させる必要があるが，上記のVCレートは破綻リスクをすでに織り込んだ

3　Aswath Damodaran, "The Dark Side of Valuation: Valuing Young, Distressed, and Complex Businesses", Third Edition, Pearson FT Press, 2018, p.223.

4　AICPA, "Valuation of Portfolio Company Investments of Venture Capital and Private Equity Funds and Other Investment Companies - Accounting and Valuation Guide", AICPA, June 2018.

ものといえる。

図表3-5-1　AICPAガイドラインが提示するVCレート

事業ステージ	Plummer[5]	Sherlis and Sahlman[6]	Sahlman and Others[7]
Start up	50〜70%	50〜70%	50〜100%
First stage	40〜60%	40〜60%	40〜60%
Second stage	35〜50%	30〜50%	30〜40%
Bridge/IPO	25〜35%	20〜35%	20〜30%

出典：AICPAガイドライン，Appendix B 04.02

　VCレートに基づく評価は比較的容易であり，後述するDCF法においてVCレートを適用する場合も含め，実務において広く利用されているが，いくつかの問題を有していることには留意する必要がある。

- VCレートはVC投資家によるエクイティ投資に係る要求リターンであるから，エクイティ投資家に対するキャッシュフローを割り引く際には適切であるが，上記ステップ1で見たとおり，VCメソッドにおいて割引の対象となるのは将来の企業価値であるから，企業価値が100％株式でファイナンスされる場合を除き，不整合が生じる可能性がある。
- VCレートは企業の破綻リスクを織り込んでいるために比較的高い水準となっているが，時間が経過して企業が成長するにつれて破綻リスクは次第に低下していく。それにもかかわらず，割引対象期間において一律のVCレートを適用することで，結果的に過小評価となってしまう可能性がある。
- そもそもVCレートは投資家サイドの収益目標を意味するもので，必ずしも当事者間の合意に基づくリターンを表しているわけではないという批判

5　James L. Plummer, "QED Report on Venture Capital Financial Analysis", QED Research, 1987.

6　William A. Sahlman and Daniel R. Scherlis, "A Method for Valuing High-Risk, Long-Term Investments: The "Venture Capital Method"", Harvard Business School Teaching Note 9-288-006, Harvard Business School Publishing, 1998.

7　William A. Sahlman et al., "Financing Entrepreneurial Ventures (Business Fundamentals)", Harvard Business School Publishing, 1998.

もある。この点につきダモダラン教授は，米国のベンチャーキャピタル
ファンドの実際のリターンが，目標値である上記のVCレートと比べて著
しく低い点を指摘している。例えば，比較的利益率の高いEarly/Seedス
テージのVCファンドのリターンを見ると，10年間の投資期間においては
年32.9％であり比較的高いが，同様のステージのVCレートと比べると大
きな格差が生じていることが明らかである（**図表3-5-2**参照）。

- VCレートを使用するとしても，評価時点の市場の状況を反映したもので
  あるかどうかは確認する必要がある。ベンチャーキャピタルの市場はその
  時々の金融市場やマクロ経済の状況を反映して変わりうるものであり，
  VCレートも変化する。上記AICPAガイドラインで提示されている数値は
  過去の調査に基づくものであるが，より近年のデータに基づく統計資料が
  利用可能な場合には代替を検討する。

図表3-5-2 VCファンドのリターン実績（2007年）[8]

	3年	5年	10年	20年
Early/seed VC	4.90%	5.00%	32.90%	21.40%
Balanced VC	10.8%	11.90%	14.40%	14.70%
Later-stage VC	12.40%	11.10%	8.50%	14.50%
All VC	8.50%	8.80%	16.60%	16.90%
NASDAQ	3.60%	7.00%	1.90%	9.20%
S&P	2.40%	5.50%	1.20%	8.00%

ステップ3：希薄化の考慮

　スタートアップ企業，特にシードステージやアーリーステージの企業への投
資について，重要な考慮要素となるのは希薄化の問題である。すなわち，ス
タートアップ企業は，創業間もなく旺盛な資金需要があるからこそ，複数の資

8　前掲注3，p.222。

金調達ラウンドがあることが通常であり，また役員や従業員に対してストック・オプションが発行されることも多い。したがって，早期の段階で参画した投資家は今後追加的な株式発行やストック・オプション発行が行われ，希薄化により出資比率（所有比率）が低下していくことを想定する必要がある。

　VCメソッドではこのような希薄化の影響を考慮に入れるため，リテンションレート（retention rate）を推定する。リテンションレートは現在の出資比率がエグジット時においてどの程度まで維持できるかを示すものである。リテンションレートを推定するにあたり客観的なデータを入手することは困難であるが，対象企業からのヒアリングや投資家の経験，市場の状況などを参考にして判断する。

ステップ４：ポストマネー評価と所有比率の計算

　VCメソッドにおいて，ポストマネー評価を求めるにあたり，まず対象企業のエグジットバリューにリテンションレートを乗じた価値を計算する。最終的に計算されるポストマネー評価はあくまで現在の出資者の持分であり，将来の出資者の持分については考慮すべきでないためである。次に，割引率として目標リターンを使用して，上記を現在価値に割り戻した数値としてポストマネー評価を計算する。上記の計算式は以下のとおりとなる。

$$\text{ポストマネー評価} = \frac{\text{エグジットバリュー} \times \text{リテンションレート}}{(1 + \text{目標リターン})^T} \quad [3\text{-}5\text{-}2]$$

ステップ５：感応度分析

　スタートアップ企業のバリュエーションにおいては，必ずしもすべてのインプットが客観的なデータに基づくわけではなく，評価者の判断や見積りに依存するプロセスが含まれている。VCメソッドはシードステージのスタートアップ企業の評価手法として広く利用されているが，エグジットバリューをどのような基準で予想するか，対象企業に固有のリスクを適切に反映させた要求リ

ターンや倒産確率，さらにはリテンションレートをどのように想定するかなど，評価者の見積りに左右される部分が大きい。このため，いくつかの重要なインプットが最終的な評価結果にどれほどのインパクトを持つのかを検討するために，感応度分析を行うことが重要な意味を持つ場合がある。

Case3-5-1 VCメソッドによる評価例（アルファリサーチ社）

ステップ1：エグジット時点の企業価値の推定

引き続きアルファリサーチ社の仮説例を用いると，5年後のエグジットを前提として同社への出資を検討するVC投資家が，マルチプル法に基づきエグジット時の同社の企業価値を推定したとする。VC投資家は同社の5年後の売上規模を140百万円と推定し，これに類似企業の企業価値に対する売上のマルチプル（EV/Sales倍率）の平均である約10倍を乗じて，エグジット時の企業価値を1,400百万円と評価した。

ステップ2：割引率の推定

アルファリサーチ社に適用すべき割引率として，VC投資家は同社の事業ステージや事業内容，マネジメントチームの経験や資質などを考慮し，また実務において一般的なVCレートも参考にしつつ，リスクに相応する期待収益率として45％と設定した。

ステップ3：希薄化の考慮

次に，リテンションレートを推定するにあたり，今回ラウンドでの投資完了後，エグジット時までの期間においてもう一度資金調達ラウンドがあり，中核的なスタッフへの追加的なストック・オプション付与があると想定し，リテンションレートを70％と設定する。

ステップ4：ポストマネー評価と所有比率の計算

これらの推定値を上記の［3-5-2］式に代入して適用して，ポストマネー評価を求めると約153百万円となる。上記の投資額20百万円はポストマネー評価額の13.1％に相当するから，VC投資家が求めるべきアルファリサーチ社の株式は全体の

13.1％となる。

図表3-5-3　VCメソッドによる評価例（アルファリサーチ社）

項目	数値	
エグジット時の売上	140	[1]
類似企業マルチプル（EV/Sales）	10.0	[2]
対象企業のエグジットバリュー	1,400	[3]=[1]×[2]
リテンションレート	70％	[4]
希薄化考慮後エグジットバリュー	980	[5]=[3]×[4]
エグジットまでの期間	5	[6]
割引率（目標リターン）	45％	[7]
対象企業のポストマネー評価	153	[8]=[5]÷(1+[7])^[6]
投資額	20	[9]
求められる所有比率	13.1％	[10]=[9]÷[8]

ステップ5：感応度分析

　VCメソッドによる上記の評価プロセスのうち，エグジットバリューと割引率（VCレート）をどう見積もるかによって最終的な結果が大きく変わりうる。このため，いくつかのシナリオを設定して，**図表3-5-4**のような感応度分析を行う。上記ステップ4において，希薄化考慮後のエグジットバリューを980百万円と推定したが，これを5％ずつ変化させる。また，割引率（目標リターン）についても適用した45％を中心として5％ずつ変化させた場合の結果（求められる所有比率）を計算する。このような感応度分析の結果は**図表3-5-4**となった。例えば，期待リターンが45％で変わらないとしても，希薄化考慮後エグジットバリューが実際には想定よりも10％低くなった場合，要求される所有比率は14.5％に上昇する。

		希薄化考慮後エグジットバリュー				
		882	931	980	1,029	1,078
目標リターン	30%	8.4%	8.0%	7.6%	7.2%	6.9%
	35%	10.2%	9.6%	9.2%	8.7%	8.3%
	40%	12.2%	11.6%	11.0%	10.5%	10.0%
	45%	14.5%	13.8%	13.1%	12.5%	11.9%
	50%	17.2%	16.3%	15.5%	14.8%	14.1%
	55%	20.3%	19.2%	18.3%	17.4%	16.6%
	60%	23.8%	22.5%	21.4%	20.4%	19.5%

第6節　ファーストシカゴ・メソッド

　ファーストシカゴ・メソッド（FCM）は，かつてのFirst National Bank of Chicago（現在のBank One Corporation）から命名された手法で，比較的古くから利用されている手法である。FCMはVCメソッドと同様，プレマネー評価でなくポストマネー評価に重点を置く手法であるが，VCメソッドと異なるのは，いくつかのシナリオを前提として評価を行う点である。FCMの評価プロセスは以下のとおりである。

ステップ１：シナリオと発生確率の設定

　FCMによるバリュエーションは，結局のところ，いくつかのシナリオにおける評価の期待値である。したがって，どのようなシナリオを設定するか，それぞれのシナリオの確率とエグジットバリューなどが重要となる。シナリオはケースごとに変わりうるが，例えば，Success（成功），Survival（サバイバル），Failure（失敗）の３つのシナリオを設定し，それぞれの発生確率を20％，50％，30％と見積もる。シナリオの設定はこのほか，ベースケース，アップサイドケース，ダウンサイドケースといった形式をとることもある。この場合，

通常，ベースケースの発生確率が最も高いものとなる。

図表3-6-1 FCMのシナリオと発生確率

シナリオ	概要	確率
Success	当初予想の範囲内あるいはそれを超える非常に高いパフォーマンス。	25%
Survival	費用増加や上市の遅れなど，Successシナリオよりも低いパフォーマンス。	50%
Failure	資本減少や事業失敗に至るなど，Survivalシナリオよりも低いパフォーマンス。	25%

ステップ2：エグジットまでの期間の推定

　FCMにおいては，シナリオによって対象企業のパフォーマンスの前提が異なるから，シナリオごとに対象企業のエグジットまでの期間とエグジットバリューを設定する。

ステップ3：エグジットバリューの推定

　エグジットバリューは，VCメソッドと同様，EV/Sales倍率を用いたマルチプル法によって推定が可能である。しかし，すべてのシナリオについて一律の倍率を適用するのではなく，シナリオごとに異なるアプローチを適用することが適切な場合も多い。例えば，市場一般よりも高い成長性が期待できる場合には，比較可能企業のマルチプルのレンジの中で比較的高い倍率が適用可能であるし，事業からの撤退を前提とする場合には，一般的なマルチプルよりは純資産法的なアプローチが適切な場合もある。なお，必要に応じて，VCメソッドと同様，将来の希薄化の影響を反映させるため，リテンションレートを推定し上記に乗じた上で，希薄化考慮後のエグジットバリューを計算する。

ステップ4：ポストマネー評価と所有比率の計算

　FCMで使用する割引率は倒産考慮前の要求リターンを使用する。上記のシ

ナリオ中，Failureシナリオが一定程度，倒産リスクも織り込んでいるためである。ポストマネー評価は，まず，それぞれのシナリオにつき，上記の割引率を用いて対象企業のエグジットバリューの現在価値を計算する。次に，それぞれのシナリオのエグジットバリューの現在価値に，発生確率をウェイトとして乗じ，これらの加重平均を求める。

Case3-6-1 ファーストシカゴ・メソッドによる評価例 （アルファリサーチ社）

ステップ1：シナリオと発生確率の設定

　アルファリサーチ社の事例ではシナリオとして，同社のサービスに対する需要が現状の予想を上回るなどハイパフォーマンスが実現するシナリオ（Success），現状予想のレンジ内のパフォーマンスを発揮するシナリオ（Survival），現状予想を大きく下回る，あるいは事業失敗に至るシナリオ（Failure）という3つのシナリオを設定し，これらシナリオの発生確率をそれぞれ，15％，40％，45％と見積もる。

ステップ2：エグジットまでの期間の推定

　上記Successシナリオにおいては，予想以上にパフォーマンスが高く，市場の評価も得られるため，4年後の上場が可能であるという前提の下，エグジットまでの期間を4年と想定する。Survivalシナリオにおいては，Successシナリオと比べ事業展開のスピードが低下することから，エグジットまでの期間を5年と想定する。Failureシナリオについては，事業の停滞が続く場合，3年後には撤退を余儀なくされるとの前提で，エグジットまでの期間を3年とする。

ステップ3：エグジットバリューの推定

　エグジットバリューの推定にあたっては，それぞれのシナリオについて，アルファリサーチ社のエグジット時点の売上を推定し，適切なEV/Sales倍率を適用する。まず，エグジット時の売上については，Successシナリオにおいては160百万円，Survivalシナリオにおいては120百万円，Failureシナリオにおいては10百万円と推定した。比較可能企業のデータに基づくとEV/Sales倍率の平均は10倍であったが，

Successシナリオにおいては，これら比較可能企業よりも高い成長を想定しているため，適用すべき倍率を12倍とした。Survivalシナリオにおいては，ほぼ比較可能企業と同様の成長性を見込むことから10倍を適用する。Failureシナリオについては，撤退を前提とした場合には将来の成長に係る価値はほとんど反映されないことから，1倍を適用する。

　さらに，将来の希薄化に関して，Case 3 - 5 - 1と同様，リテンションレートを70％と想定した場合の希薄化考慮後のエグジットバリューを計算すると，**図表3 - 6 - 2** ［6］のとおり，Successシナリオ，Survivalシナリオ，Failureシナリオについてそれぞれ，1,344百万円，840百万円，10百万円となった。

ステップ4：ポストマネー評価と所有比率の計算

　ステップ3で計算した希薄化考慮後のエグジットバリューの現在価値を求めるにあたり使用する割引率（倒産リスクを前提としない要求リターンと）は，比較可能企業データに基づき28％となった。これを用いて，Success，Survival，Failureシナリオの現在価値を計算すると**図表3 - 6 - 2** ［9］のとおり，それぞれ，501百万円，244百万円，5百万円であり，さらに，ステップ1で求めた各シナリオの発生確率をウェイトとして加重平均を求めると175百万円となる。これがポストマネー評価額であり，今回の投資額である20百万円のポストマネー評価額に対する比率（投資家が要求する所有比率）は11.4％となった。

（図表3 - 6 - 2）　FCMによる評価例（アルファリサーチ社）

（シナリオ）	Success	Survive	Failure	
シナリオ確率	15%	40%	45%	[1]
エグジット時の売上	160	120	10	[2]
類似企業マルチプル（EV/Sales）	12	10	1	[3]
対象企業のエグジットバリュー	1,920	1,200	10	[4]=[2]×[3]
リテンションレート	70%	70%	100%	[5]
希薄化考慮後エグジットバリュー	1,344	840	10	[6]=[4]×[5]

エグジットまでの期間	4	5	3	[7]
倒産考慮前要求リターン	28%	28%	28%	[8]
現在価値	501	244	5	[9]=[6]÷(1+[8])^[7]
対象企業のポストマネー評価	175			[10]=Σ([1]×[9])
投資額	20			[11]
求められる所有比率	11.4%			[12]=[10]×[11]

第 *4* 章

マーケットアプローチ

第1節　マーケットアプローチの概要

　マーケットアプローチは，市場において形成された価格を基礎とする方法であり，直接，市場株価を参照する市場株価法，あるいは上場している同業他社など，類似する会社や事業と比較することで相対的な評価を求める類似上場会社法，類似する過去のM&A取引と比較する類似取引法などがある。

　マーケットアプローチの最大のメリットは，客観性が高いことである。株式市場では多くの市場参加者の取引を通じて，合理的な企業価値についての意見が反映された客観的な価格が形成されると考えられているから，マーケットアプローチの採用により，市場の情報に基づいた客観的な評価が可能となる。このような特徴を持つマーケットアプローチは，客観性の担保が必ずしも容易でないインカムアプローチとの補完性が高い。後述するように，インカムアプローチ（DCF法）はその基礎となる事業計画の数値によって大きく結果が異なりうるが，事業計画の作成過程において恣意性が入りうる可能性がある[1]。このため，信頼性の高い事業計画の入手が困難な場合，あるいはDCF法による評価の合理性を確認する必要がある場合，マーケットアプローチが利用されることが多い[2]。

　一方で，マーケットアプローチは，インカムアプローチのように企業固有の収益力や成長性，リスクを反映させることができないというデメリットがある。また，客観性を特徴としながらも，類似上場会社法や類似取引法において類似企業や取引を選択する際，比較可能性の担保が困難な場合があるという点，市場で形成された価格が短期的には大量取引等により本源的な価値を反映しない，

1　日本公認会計士協会経営研究調査会研究報告第32号「企業価値評価ガイドライン」（最終改正2013年7月3日），29頁。
2　企業買収の実務などでは，最初から買手や売手が希望している株式価値に合わせて業績予測を調整するという行為も珍しくはない。そのため，実務の現場においては，エンタプライズDCF法によって計算された理論的な企業価値や株式価値を，同業で上場されている企業や株式市場における価値と比較して，その水準が合致しているかをチェックするのが通常である（鈴木一功『企業価値評価【入門編】』（ダイヤモンド社，2018年），252頁）。

あるいは取引量が少なく市場の価格形成が効率的でないことといったデメリットが存在することも認識する必要がある。

　スタートアップ企業のバリュエーションにおいてマーケットアプローチを採用する場合，通常，自社の市場株価は存在しないから，類似上場会社法か類似取引法が考慮される。以下では，スタートアップ企業のバリュエーションにおいてこれらの手法を利用する場合の論点について概要を解説する。

第2節　類似上場会社法

(1)　財務指標の選択

　類似上場会社法とは，評価対象会社と類似する上場会社を選定し，これら上場会社の利益や純資産などの財務指標に対する株価あるいは企業価値の倍率（マルチプル）を求め，対象会社の指標に同倍率を乗じることで，株式価値または企業価値を評価する方法である。例えば，純利益に対する倍率はPER（Price to Earnings Ratio），簿価純資産に対する倍率はPBR（Price to Book-value Ratio）であり，計算が簡単なため広く利用されている。しかし，会計上の純利益や簿価純資産は必ずしも企業の安定的な収益力や企業価値との関連が明確でないとみられているため，バリュエーションの実務では，恒常的な収益指標として広く利用されているEBIT（Earnings before Interest and Tax）やEBITDA（Earnings before Interest, Tax, Depreciation and Amortization）に対する企業価値の倍率（EV/EBIT倍率，EV/EBITDA倍率）を利用することが一般的である。

　スタートアップ企業の場合，安定的な収益を上げておらず赤字の場合が多い。したがって，PERやEV/EBIT倍率，EV/EBITDA倍率など，利益指標を分母とするマルチプルは利用できない場合が多い。また，収益が安定的でないということは純資産も安定的でないことを意味する。スタートアップ企業の場合はさらに，数次の資金調達ラウンドの前後で自己資本の状況が大きく変わりうる

ため，純資産を分母とするPBRも適用が困難である。

　上記のような理由から，スタートアップ企業については売上に対する企業価値の倍率（EV/Sales倍率）が利用されることが多い。評価対象となるスタートアップ企業の利益が安定的でない（または赤字）という理由だけでなく，後述のように類似上場企業として事業ステージが比較的初期の企業が選択されることが多く，これら類似上場企業の企業価値との関連からも，利益指標よりも売上のほうがより安定的な関係を示すと考えられるためである。

$$EV_T = \frac{EV_C}{Sales_C} \times Sales_T \qquad [4-2-1]$$

ここで，　EV_T　：対象企業の企業価値

　　　　　　EV_C　：類似上場企業の企業価値

　　　　　　$Sales_T$：対象企業の売上

　　　　　　$Sales_C$：類似上場企業の売上

　とはいえ，スタートアップ企業については，売上のレベルであっても実績がない，あるいはまだ安定的となっていない場合も多い。このため，どのタイミングの売上を適用するかという問題を検討する必要がある。一般的な企業であれば，類似上場企業のマルチプルに対して乗じる指標は当期または翌期の見込値であることが多いが，スタートアップ企業の場合，さらに将来の予測値を使用することが合理的である場合がある。この点については後ほど詳しく述べる。

　さらに，財務指標以外の経営指標が利用される場合もある。これらは特定の業界においてパフォーマンスを測定するKPIとして一般的に利用されている指標であり，例えば，ウエブ関連企業におけるアカウント数やアクティブユーザー数，購読者数などが相当する。これらはまだ売上がわずかな比較的初期の事業ステージの企業については有効であるが，財務的指標と比較してこれらのKPIが企業価値とどのような関連を持ち，異なる企業間で比較可能かどうかが必ずしも明確でない。このため，例えば将来マネタイズ可能な段階となった際，

これらKPIが市場におけるマーケットシェアを代表する数値となるなど，基本的な前提について整理をしておく必要がある。

（2）　比較可能性の検討

　類似上場会社法を適用する場合，対象会社と類似する上場企業を選定する必要があるが，このプロセスにおいて，どのように比較可能性を担保するのか，という問題がある。例えば，EV/Sales倍率を基礎として分析を行う場合，類似上場会社のEV/Sales倍率で示される企業価値と売上の関係性が評価対象企業についても当てはまるという前提を置いているが，そのような前提の根拠として，類似上場会社との比較可能性が検討される。比較可能性の検討において考慮される要素としては，図表4-2-1のような項目が例示できる。

図表4-2-1　比較可能性の考慮要素の例（類似上場会社法）[3]

分類	項目例
市場	・販売する製品・サービスが類似しているか。 ・所属する業界が同種といえるか。 ・同一の地理的市場に属しているか（地域ごとに市場の差異がある場合）。 ・許認可権や規制環境につき重要な差異がないか。
機能・リスク	・対象会社と類似する機能（研究開発，製造，販売等）を有するといえるか。 ・ビジネスモデルにおいて重要な差異がないか（資本集約的か，人的サービスが中心かなど）。 ・非事業用資産（不動産や金融資産）からの収益につき重要な差異がないか。 ・無形資産（特許等）の保有につき重要な差異がないか。 ・経営のクオリティに重要な差異がないか。
事業ステージ	・ライフサイクルにおけるステージが類似しているか（将来の成長見込み，リスクの特徴につき重要な差異がないか）。

3　同様の比較可能性の考慮要素の例として，前掲注1，44頁，図表Ⅳ-17を参照。

　上記のような観点からの比較可能性は高ければ高いほど望ましいが，一方で完全に比較可能な企業や取引を選定することは不可能であるから，どこかで折り合いをつける必要がある。しかし，求められる比較可能性の度合いについては明確な基準はなく，評価者の判断に依存する。

（3）　スタートアップ企業についての留意点

　上記の比較可能性の考慮要素のうち，スタートアップ企業にとってとりわけ重要なものは，事業ステージの差異，換言すれば企業のライフサイクルにおける今後の成長とリスクの見通しが同様といえるかどうかである。スタートアップ企業の多くはIPOを目指すとはいえ，IPOを目前にする一部の企業以外は，上場企業と比べ事業ステージは大幅に早い段階にある。一般的な企業であれば，同じ業界の企業同士であれば類似企業といえることが多いが，スタートアップ企業の場合，たとえ同じ業界に属し，同様の製品やサービスを扱う場合であっても，事業ステージが異なれば，リスクと成長の前提が大きく異なる（例えば同じソフトウェア業界といっても，マイクロソフトのような成熟企業もあれば，スマートフォンのアプリ開発企業に代表されるような新興企業もある）。また，同様の製品やサービスといっても，従来の業界とはビジネスモデルがまったく異なる場合もあり（タクシー業界とUBERの事例など），比較可能性の検討において形式的な基準の適用には注意が必要となる。

　スタートアップ企業は今後数年間，急速な成長を見込むことが一般的であるが，成熟企業の成長スピードはそれと比べて緩慢である。将来の成長見込みが大きいほど，そして成長する期間が長いほど，企業価値にその価値が反映されるからマルチプルが大きくなる。したがって，スタートアップ企業の評価において，成熟企業のマルチプルを適用すると過小評価となってしまう可能性がある。

　また，成長の裏面にはリスクがある。事業ステージが早期となればなるほど成長期待が高いが，その反面リスクも高くなる。スタートアップ企業の中でも比較的早期の企業については安定した事業基盤が確立されておらず，リスクの

程度が高い。加えて，後述するように，スタートアップ企業については，事業が失敗し破綻するリスクが無視できない。実際のところ，スタートアップ企業の多くは事業が計画どおり成功せず，上場できないまま終わってしまう。一般に，リスクが高くなればなるほど企業価値（株式価値）は小さなものとなるから，マルチプルは低くなる。したがって，同じ業界の企業であっても，比較的成熟した企業のマルチプルをスタートアップ企業に当てはめると，過大評価となる可能性がある。

　上記のような問題への対応策としては，まず，類似上場企業としてできるだけ早い事業ステージの会社（比較的最近上場した企業など）を選択することである。できれば比較可能性についての他の基準（製品やサービス，業界，ビジネスモデル，機能等の類似性）からも比較可能性が高い企業が望ましいが，多くの場合，それらを多少犠牲にしたとしても，事業ステージの早い企業を選択することが重要とされる[4]。

　次に，類似上場企業のマルチプルに乗じるスタートアップ企業の指標として，実績値ではなく，将来の予測値を適用することである。例えば，3年後にIPOが予定されている企業について，3年後の売上が合理的に予想できるのであれば，類似上場企業のEV/Sales倍率に乗じて企業価値を推定することができる。このような将来の予測値は，類似上場企業と比較的近い事業ステージにおいてスタートアップ企業が実現しているであろう指標であり，事業ステージの違いに基づくリスクと成長性に係る差異の一部を解消するものといえる。

　しかし，このようにして計算したスタートアップ企業の企業価値はあくまで将来時点の企業価値であり，現在の価値を表してはいない。したがって，上記のように3年後の予想売上を前提とする場合には，今後3年間のリスクを反映する割引率を適用して現在価値を計算する必要がある。将来の企業価値を現在価値に割り戻すという考え方は，前出のVCメソッドとも共通するものがある。したがって，適切と考えられる場合には，割引率としてVCレートを使用して

4　前掲第3章注1，303頁。

現在価値を計算することも可能である（より正確な割引率の算定方法については，インカムアプローチにおいて使用する割引率について解説する第5章第3節において詳しく述べる）。

　いずれにせよ，スタートアップ企業のバリュエーションのための手法として，類似上場会社法は事業ステージの違いを無視してそのままの形では利用できず，上記のような調整方法を検討した上で使用することが求められるといえる。

Case4-2-1 　類似上場会社法の計算例（アルファジーン社）

　アルファジーン社（仮称）はAI技術の活用によりコンピュータによるゲノム解析情報から特定の医学的知見を探索する技術を開発中の企業であり，3年後に上場を予定している。その時点では後述する基準を満たす類似上場企業との比較可能性があると考えられるため，3年後の売上に基づくEV/Salesマルチプルを使用して，類似上場会社法の分析を行う。

　アルファジーン社の比較可能企業を選定するにあたって，アルファジーン社と類似する製品・サービスを扱っている企業を選択するため，データベース上でゲノム解析という産業区分を選択したところ，日本所在の25社を得た。このうち，11社は

図表4-2-2 　比較可能企業のスクリーニングプロセス（例）

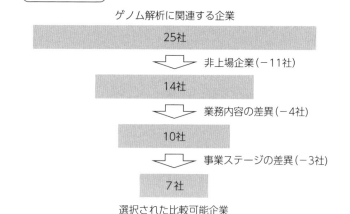

ゲノム解析に関連する企業

25社

非上場企業（－11社）

14社

業務内容の差異（－4社）

10社

事業ステージの差異（－3社）

7社

選択された比較可能企業

非上場企業であったため除外し，4社はゲノム解析関連の製品・サービスを扱っているものの，全体の売上の3割以下と推定され，その他業務もゲノム解析との関連性が低いことから除外した。さらに，3社は上場後5年以上経過しており，規模や成長性の観点からも事業ステージが5年後のアルファジーン社の状況と大きく異なるとみられることから除外した。上記のスクリーニングプロセスの後，残った7社（O社，P社，Q社，R社，S社，T社，U社）を比較可能企業として選択した。

　次に，上記のようなプロセスによって選択した比較可能企業7社それぞれの財務データを収集し，EV/Salesマルチプルを計算する。まず，評価時点における株式時価総額を求め，有利子負債の簿価を加えて企業価値を求める。売上については直近（2022年）の実績値と当年（2023年）の見込値を使用し，これらに対する企業価値の倍率の平均値と中央値を求めると，**図表4-2-3**のとおりとなった。評価時点（2023年12月）においては，2023年の第3四半期までの実績値が得られていたため，2023年見込値の信頼性が高いと判断し，これを基礎とするEV/Salesマルチプルの中央値9.9を採用した。

図表4-2-3　比較可能企業のEV/Sales倍率の計算（アルファジーン社）

（単位：百万円）

	株式時価総額	有利子負債	企業価値	売上		EV/Sales	
				CY22	CY23e	CY22	CY23e
O社	2,929	0	2,929	325	395	9.0	7.4
P社	5,148	1,793	6,942	610	605	11.4	11.5
Q社	12,838	2,948	15,786	1,521	1,601	10.4	9.9
R社	2,816	0	2,816	263	275	10.7	10.2
S社	5,065	1,852	6,917	610	605	11.3	11.4
T社	11,773	3,211	14,984	1,722	1,892	8.7	7.9
U社	3,725	0	3,725	391	451	9.5	8.3
平均値						10.1	9.5
中央値						10.4	9.9

　図表4-2-4のとおり，アルファジーン社が上場を予定している3年後の売上（VCメソッドにおいてはエグジット時の売上）は1,050百万円と予想されている。したがって，上記のEV/Salesマルチプルである9.9倍を乗じて3年後の企業価値（エ

グジットバリュー）を求めると，10,395百万円となる。

　次に，現在価値としての評価額を求める。考え方としては，将来のエグジットバリューを現在価値化するVCメソッドの手法と同様であるが，アルファジーン社については今後3年間新たな資金調達はないという前提で，リテンションレートは100%とする。割引率については，VCレート（**図表3-5-1**）を参照し30%とする。これを適用して評価時点の企業価値を求めると4,731百万円となる。3年後にはアルファジーン社は100%株式で資金調達を行っていると想定されるため，株式価値は上記金額と等しくなる。

図表4-2-4　類似上場会社法による計算例（アルファジーン社）

項目	金額	注記
エグジット時（3年後）の売上	1,050	[1]
類似企業マルチプル（EV/Sales）	9.9	[2]
対象企業のエグジットバリュー（3年後の企業価値）	10,395	[3]＝[1]×[2]
エグジットまでの期間	3	[4]
リテンションレート	100%	[5]
割引率（目標リターン）	30%	[6]
評価時点の企業価値（株式価値）	4,731	[7]＝[3]×[5]÷(1＋[6])^[4]

第3節　類似取引法

（1）　類似取引法の概要

　類似取引（取引事例法などともいう）とは，評価対象会社に係るM&A取引と類似する過去の取引の売買価格とこれら取引において売買された会社の財務指標との比率を用いて，対象会社の株式価値を推定する方法である。さらに，対象会社の株式が過去のM&Aなどで売買されたことがある場合には，その取引における価格を基礎として対象会社の株価を評価する場合もある。類似取引

法は，株式市場における市場価格を用いるものではないが，取引当事者間の独立当事者間価格を参照するという意味で，マーケットアプローチの一種であるといえる。

　スタートアップ企業の評価の際，最も容易なのは評価対象企業の直近の取引における価格を参照することである。もし時間的に大きく離れていない前回の資金調達ラウンドにおいて合理的な価格が形成されたと判断できる場合，その価格を参照する，あるいは前節で述べたような手法によって，期間の差を調整することによって合理的な価格を求めることができる。

　対象企業自身の取引が使用できず，他社の取引事例を用いる場合，最大の問題はどのようにして比較対象取引のデータを入手するかということであろう。従来，ベンチャーキャピタル市場規模が発展している米国市場と比較すると，わが国のスタートアップ企業の取引事例データの入手は困難な面があったが，近年はスタートアップ企業による資金調達件数も増加しており，これらのうち一部は資金調達の概要をニュースリリース等で開示している（Case 4-3-1で，最近の実例としてデイブレイク株式会社のニュースリリースを紹介する）。その他，優先株を含む第三者割当増資などの情報は登記情報などからも入手が可能なため，これらをデータベース化したサービスの提供も開始されており[5]，取引事例データの入手可能性は広がりつつある。

　また，これらデータベースを利用することで，簡易的な企業価値評価の情報も入手できる場合がある。この場合，最新の資金調達ラウンドにおける1株当たり株価を発行済株式総数に乗じた金額を企業価値とみなすことが一般的である。無論，これから資金調達を実施しようとする企業の評価には向かないし，普通株と優先株の区別，評価時点の差異などの問題はあるが，適切な場合，第3章で紹介したペイン・メソッドやリスクファクター集計法，バーカス・メソッドなどの手法で用いるベンチマーク企業の企業価値推定方法として利用することは可能と思われる。

5　主なものとして，Startup DB（https://startup-db.com/），INITIAL（https://initial.inc/）などがある。

Case4-3-1 スタートアップ企業の資金調達に係るニュースリリースの実例（デイブレイク株式会社）

特殊冷凍テクノロジーで食の可能性をアップデートする「デイブレイク」がシリーズBラウンドで総額20億円の資金調達を実施

〜創業10周年。11年目は海外進出を視野に体制を強化〜

デイブレイク株式会社

2023年7月19日12時00分

特殊冷凍テクノロジーの製品企画・開発と高品質冷凍商品のプラットフォームを運営するデイブレイク株式会社（本社：東京都品川区，代表取締役：木下昌之）は，モバイル・インターネットキャピタルをリード投資家として，環境エネルギー投資，パナソニックくらしビジョナリーファンド，SMBCベンチャーキャピタル等を引受先とした第三者割当増資に加え，三井住友銀行，りそな銀行等の金融機関6行からの融資も合わせて，総額20億円の資金調達を実施したことをお知らせします。

なお，融資による資金調達は，タームローンやコミットメントライン（融資枠）などを含む中，いずれも無担保・無保証で資金調達額を実現しております。

今回の調達を通じて，特殊冷凍機のノンフロン化やIoT機能，プロフェッショナル人材の採用，国内拠点の立ち上げ，事業拡大や海外進出などを加速してまいります。

■調達先について

今回，出資いただいた投資家および金融機関は以下の通りです。

＜出資＞

モバイル・インターネットキャピタル

環境エネルギー投資

パナソニックくらしビジョナリーファンド

SMBCベンチャーキャピタル

事業会社2社

＜融資＞

三井住友銀行
りそな銀行
西武信用金庫
商工中金
日本政策金融公庫
肥後銀行
(以下略)

（2）　比較可能性の検討

　上記のとおり，わが国においてもスタートアップ企業の資金調達事例のデータ入手が可能となりつつあるが，類似上場会社法と同様，類似取引法についても，比較可能性をどのように確保するかという問題がある。比較可能性の検討において考慮される要素としては，以下のような項目がある。

①　事業ステージ

　類似上場会社法の場合と同様，事業ステージの差異はとりわけ重要である。スタートアップ企業の事業ステージによって，資金調達のシリーズが進んでいく。シリーズが後期になるにつれ，同様の業界に属する企業であっても将来の成長見込みやリスクの特徴などについての前提が異なり，それらがプライシングに反映されるためである。

②　取引条件

　取引条件について，比較対象の取引は株式市場のような公開市場における取引ではなく，プライベートな取引であるから，取引当事者間の関係がアームズレングスかどうか，つまり親族や関連者間ではなく，独立第三者間の取引とみなせるかは確認する必要がある。また，対象取引が単独で完結するものではな

く他の取引とセットとなっている場合や，付随する資産譲渡やサービス提供などがある場合，対象取引の価格はそれらの影響を受けている可能性がある。さらに，戦略的投資，すなわち事業会社が支配権を獲得する場合にしばしば見られるように，投資先からの収益だけではなく自社の事業とのシナジーによる利益を見込む場合や，対象企業と競合する企業が将来の競争相手を取り除くために対象企業を買収するような場合，純粋な投資目的の場合とは異なる価格が形成される可能性がある。

③　タイミング

　次に，比較対象取引が行われたタイミングについて検討する。なるべく評価時点に近接するタイミングが望ましいものの，スタートアップ企業の取引事例の数は限られるから，ある程度過去の取引を選択することはやむを得ない。そのような場合，異なる時点間で市場の状況が大きく変わっていないか（例えば，2023年3月のシリコンバレーバンク破綻前後のベンチャーキャピタル市場の変化など），確認する必要がある。

④　企業規模

　比較対象取引においては事業あるいは株式全体が取引対象となるから，取引条件やタイミング，その他の面で比較可能な取引であっても，企業規模が違えば取引価格も変わりうる。企業規模と関連を有する財務指標としては，売上や利益（純利益，EBIT，EBITDA），純資産などが想定されるが，類似取引法においては，比較対象取引の対象企業も評価対象企業もスタートアップ企業であるため，利益や純資産に係る指標を利用することは困難である。このため，類似取引法において企業規模の差異を調整するためには，類似上場会社法と同様，売上を基礎とする手法や，顧客数など財務指標以外のデータを用いる手法が現実的と考えられる。

⑤　その他

　類似上場会社法の場合ほどの厳密さは求められないものの，比較対象取引の対象となった企業と評価対象企業の間の比較可能性にも留意する必要がある。図表4-3-1に記載されているような考慮要素，すなわち，企業が属する業界や市場，機能・リスク，事業ステージなどである。

図表4-3-1　比較可能性の考慮要素の例（類似取引法）

分類	項目例
取引条件	・比較対象の取引が独立第三者の当事者間（アームズレングス）の取引であるか。 ・対象事業または株式の取引に付随する他の取引（資産やサービス）が付随していないか。 ・戦略的な買収でないか。
タイミング	・比較対象の取引が実行されたタイミングが評価時点と近接しているか。
規模	・比較対象取引の対象となった企業の規模は，評価対象企業と同等といえるか。
その他	・比較対象取引の対象となった企業の属する市場（業界），機能・リスク，事業ステージなどが評価対象企業と類似しているか。

## 第 5 章

インカムアプローチ

第1節　ディスカウントキャッシュフロー法（DCF法）の概要

　企業が将来生み出す収益に基づき企業価値を評価する手法をインカムアプローチというが，ディスカウントキャッシュフロー（DCF）法はインカムアプローチの代表的手法であり，企業価値評価の手法としては最も一般的な，確立された手法の1つである。

　フリーキャッシュフロー（FCF）の割引現在価値を基礎として企業価値を算定するDCF法においては，将来キャッシュフローの獲得能力を，評価対象会社独自の将来見積りなどにより予測し評価に反映させることができるので，評価対象会社が持つ固有の要因を評価に反映させることができる。経営者と投資家との間に情報格差がある場合でも，経営者が考える事業の将来シナリオなど内部的な情報に基づき評価を行うことが可能であるし，逆に投資家サイドが予想する将来シナリオを反映させるなど，きめ細かな評価が可能というメリットがある。その反面，フリーキャッシュフローを推定する基礎となる事業計画など，必ずしも客観的に観察可能なデータに基づくものではないし，割引率やターミナルバリュー（継続価値）の計算プロセスなど評価者の判断に基づく数多くのインプットを使用するため，計算が複雑となるという面もある。

　一般的に，DCF法の評価プロセスはおおむね以下のようなプロセスを伴う。まず，DCF法による評価のうち最も重要な将来のFCF，すなわち企業が成長のために必要な投資をすべて行った後に投資家に還元できる現金の額を予想するための基礎となる事業計画を作成する。事業計画は企業が将来どのように成長していくかというストーリーを数字に落とし込んだものであり，将来の収益予想だけではなく，コスト構造や投資スケジュール，割引率の基礎となるリスクの特徴などDCF法による評価に必要な基本的情報を提供するものである。スタートアップ企業の評価において，事業計画の作成が最も困難なプロセスの1つである。スタートアップ企業の多くは，これまでの事業や財務の履歴（トラックレコード）が限られており，将来予測の基礎となる情報が少ない。また，

スタートアップ企業の成長スピードや成長期間は成熟企業とはまったく異なる。このため，一般的な3〜5年の事業計画期間では対応できず，より長い期間を設定する必要があるかもしれないし，客観的な根拠に基づく成長シナリオを描くために，トップダウンアプローチ，ボトムアップアプローチなどなるべくシステマティックな手法に基づき将来予測を行い，その実現性を確認するためのリアリティチェックの仕組みを導入することが望ましい。

　次に，事業計画に基づき将来の一定期間（予測期間）のFCFを推定し，これに割引率を適用して割引後の現在価値を求める。割引率の算定においては，一般的な資本資産価格モデル（CAPM）に基づき株主資本コストを算定する必要があるが，スタートアップ企業に特有の要因として，分散投資を前提とする場合には考慮しないアンシステマティックリスクを考慮する必要がある（これらに係るファイナンス理論については後述する）。このためスタートアップ企業の評価においては，サイズプレミアムや企業固有リスクプレミアムを追加することや，分散投資を前提としないトータルベータを導入するなど，一般的なCAPMを修正したモデルを使用することが多い。

　さらに，予測期間以降，永久の将来に至る期間（継続期間）の価値（ターミナルバリュー）を求め，上記FCFの現在価値と合計することで企業価値を求める。スタートアップ企業の場合，当初の数年間は予測FCFがマイナスの企業も多いから，ターミナルバリューが企業価値全体に占める割合が非常に大きなものとなる傾向にある。このため，継続期間における安定的な成長と整合的なFCFや永久成長率が設定されているかどうかなど，いくつかのチェックポイントを確認する必要がある。ここまでで企業価値が算定されるが，非事業用資産や有利子負債が存在する場合，これらを加減算したものが株式価値となる（この段階では株式全体の価値であり，普通株や優先株など株式の種類別の評価は別途行う必要がある）。

　最後に，スタートアップ企業に特有のプロセスとして，破綻リスクを考慮することが必要となる場合がある。すなわち，通常，DCF法は継続企業を前提としているところ，スタートアップ企業のビジネスが破綻し株式の価値がゼロ

となるリスクは，成熟した企業と比べ大きい。このようなリスクは上記の割引率には十分に反映されていないため，比較的早い事業ステージにある企業については，破綻シナリオを設定し，その確率を見積もった上で，破綻せず無事事業が継続されるシナリオ（継続シナリオ）との加重平均として評価を行うことが合理的な場合がある。

　以上のようなDCF法の評価プロセスの主要部分をまとめると，**図表5-1-1**のとおりとなる。

　DCF法は企業価値の評価手法として最も一般的な手法の1つであるが，スタートアップ企業の評価においても有効であり，これまで紹介したスコアリングカード法やVCメソッドなどの簡易的手法と比べても優れた手法である。しかし，スタートアップ企業について特徴的なのは，成熟した企業と比べ将来予想が困難なことである。すなわち，企業のステージが早期であることにより様々な不確実性が存在するし，市場自体が創設されて間もなく安定的な収益が得られるまでの期間が非常に長い場合もありうる。このような状況の下，DCF法において決定的に重要な要素であるFCF予測のプロセスにおいて，信頼に足る事業計画を策定できるかどうかが，スタートアップ企業についてDCF法が適用できるかどうかのカギとなる。割引率についても，スタートアップ企業に特有のリスクがある場合，適切な類似上場企業が見つからず，ベータなど合理的なインプットの入手が困難となることもある。したがって，DCF法が適用可能なスタートアップ企業は，比較的ステージが後期の企業であることが多く，FCFの予想や割引率の計算においても通常企業の場合にはない工夫（後述する）が求められるといえる。

（図表 5 - 1 - 1 ）　DCF法の評価プロセスの概要

#	ステップ	概要
1	事業計画の作成	事業計画は企業が将来どのように成長していくかというストーリーを数字に落とし込んだものであり，将来の収益予想だけではなく，コスト構造や投資スケジュール，割引率の基礎となるリスクの特徴などDCF法による評価に必要な基本的情報を提供するものである。
2	FCFの推定	フリーキャッシュフロー（FCF）とは，企業が成長のために必要な投資をすべて行った後に投資家に還元できる現金の額である。将来の一定期間（予測期間という）につき企業が生み出すFCFを，事業計画などを基礎として推定する。
3	割引率の計算	資本資産価格モデル（CAPM）に基づき株主資本コスト（K_e）を算定し，資本構成によりウェイト付けした株主資本コスト（K_e）と負債コスト（K_d）の加重平均として加重平均資本コスト（WACC）を計算する。
4	FCF現在価値の計算	ステップ 2 で推定したFCFに対してステップ 3 で求めた割引率を適用し，予測期間のFCFの割引現在価値を計算する。
5	継続価値の計算	予測期間以降，永久的将来（継続期間という）に係るFCFの現在価値（継続価値（TV）という）を永久成長率法またはマルチプル法（後述）に基づき計算する。
6	企業価値の計算	ステップ 4 で計算した予測期間のFCF現在価値およびステップ 5 で計算した継続価値を合計し，企業価値（EV：Enterprise Value）を求める。
7	ネットデットの計算	有利子負債（有利子負債，年金関連負債など）から非事業用資産（現預金，短期保有目的の有価証券，非連結子会社株式，その他資本投資など）を控除した純有利子負債（ネットデット）を算定する。
8	株式価値の計算	企業価値からネットデットを控除して株式価値を計算する。
9	破綻シナリオの考慮	スタートアップ企業のビジネスが破綻し株式の価値がゼロとなるリスクを反映させるため，破綻シナリオを設定し，その確率を見積もった上で，継続シナリオとの加重平均として評価を行う。
10	キャリブレーション	DCF法による評価結果の信頼性を確認するため，評価時点に先立つタイミングでの資金調達ラウンドにおける取引価格など，市場で観察できるインプットに基づく結果と比較して，必要な場合，DCF法において使用したインプット等の見直しを行う。

第2節　DCF法による計算

ステップ1：事業計画の作成

①　ストーリーと数字

　DCF法による評価のスタートラインとして，将来のFCFをどのような資料に基づき予測するのか，という基本的な問題がある。将来の業績予測は一定のデータに基づく計算ではなく，不確実性を伴う見積りであり，経営者の方針や戦略が反映されたものとなるのが当然である。しかしその見積りが少し変わるだけで評価結果に大きな影響を及ぼすから，その合理性や客観性を担保する必要がある。

　この点につき，アスワス・ダモダラン教授はその著書"Narrative and Numbers"[1]の中で，ビジネスの世界には，説得力あるストーリーを語るストーリーテラーと，有意義なモデルや会計数字を作り出す計算屋が存在すると述べている。そして，「ストーリーの裏付けのないバリュエーションは魂がなく，信頼に足らないものであり，われわれの記憶に残るのはスプレッドシートよりもストーリーのほうである」ものの，「ストーリーテリングはあっという間にわれわれをおとぎの国に引き込みかねず，投資を行うにあたってはそれが大きな問題となる」と述べ，「不確実な世界において，数字は精密さや客観性をもたらし，ストーリーテリングに対するカウンターバランスとなる」と論じている[2]。

　事業計画とは，経営者が自社のビジネスが将来どのように発展するか詳細に検討した上で，将来の一定期間についての財務的状況を予測財務諸表として数字に落とし込む，つまりストーリーを数字で表現したものである。本書の文脈

1　アスワス・ダモダラン著，長尾慎太郎監修，藤原玄訳『企業に何十億ドルものバリュエーションが付く理由』（パンローリング，2018年）。
2　同上，5～14頁。

ではバリュエーションの基礎資料であり，DCF法による評価の中で最も重要なインプットといえる。

　スタートアップ企業の文脈では，事業計画はDCF法による評価以外の場面でも，M&Aや資金調達の交渉，さらには，従業員やその他のステークホルダーなど第三者とのコミュニケーションにおいて利用される。

　ダモダラン教授によれば，ストーリーから数字へのプロセス，つまり事業計画の大まかな作成プロセスは以下のとおりである。すなわち，まず，対象企業のビジネスのストーリーを構築する（Step 1）。そして，そのストーリーが夢物語ではなく，現実的なものとなるよう規律を持たせるための検証作業を行う

図表5-2-1　ストーリーから数字へのプロセス[3]

Step 1	評価する事業のストーリーを構築する。 事業が将来どのように進展すると考えているかをストーリーにする。
Step 2	そのストーリーが，可能性がある（Possible）のか，もっともらしい（Plausible）のか，確からしい（Probable)のかのテストを行う。 可能性のあるストーリーは数多くあるが，そのすべてがもっともらしいわけではなく，確からしいものとなるとわずかにすぎない。
Step 3	ストーリーをバリュードライバーに落とし込む。 ストーリーを分解し，バリュエーションのインプットにどのように落とし込むかを検証する。そのとき，潜在的な市場規模から始め，キャッシュフローやリスクへと進めていく。最終的に，ストーリーのすべてが数字に落とし込まれ，またすべての数字がストーリーによって裏付けられていなければならない。
Step 4	バリュードライバーをバリュエーションと結びつける。 インプットと最終的な事業の価値とを結びつける本源的なバリュエーションモデルを構築する。
Step 5	フィードバックループを開いておく。 自分よりも事業をよく知っている人々の話に耳を傾け，その提言をもとに，ストーリーを調整し，修正する。 異なるストーリーが当該企業の価値に与える影響を最大限取り込む。

3　同上，16頁。

（Step 2）。次に，ストーリーをバリュードライバーに落とし込む（Step 3）。ここまでが基本的な事業計画のプロセスであり，これに基づき，バリュードライバーをバリュエーションに結び付ける（Step 4）。さらに，事業計画やバリュエーションが適切に修正，更新されるよう，フィードバックループを開いておく（Step 5）必要性を述べている。

② リアリティチェック

　上記のストーリーから数字へのプロセスのStep 2において，ストーリーの実現可能性を検証するためのテストが用意されている。すなわち，事業計画の基礎となる経営者の戦略や構想が本当に実現できるのか，一度立ち止まって検証する。ダモダラン教授によれば，まず行うべきはそのストーリーに可能性がある（Possible）かどうかを確認することである。ありえない（Impossible）とは，実現可能性がゼロであるから，可能性がある（Possible）とは少しでも実現可能性があることを意味する。したがって，このテストを通過するためには，少なくともアイデアレベルであっても実現可能であることが確認される必要があるが，ある種の熱気に圧され，同じような考えを持つ人々に囲まれると，現実的にはありえない，Impossibleなストーリーを語ってしまう危険性もあるだろう。

　次のテストは，一段厳密性を高め，ストーリーがもっともらしい（Plausible）かどうかを検討する。つまり可能性があるだけでは不十分で，現実的に起こりうることの根拠が必要となる。例えば，経営者が考えるストーリーと同種のビジネスモデルを持つ企業の事業が実際に成功を収めているといった例があれば，もっともらしいストーリーとなるかもしれない。しかし，もっともらしい（Plausible）の段階では，実現可能性があるものの，どれほどの確率で実現しうるかまでは明らかでなく，客観的な証拠も得られていない状況であるといえる。

　最後に，さらに厳しいテストとして，ストーリーが確からしい（Probable）かどうかを判断する。この段階では，ストーリーに可能性がある，あるいは

もっともらしいだけではなく，確からしさの度合いについても客観的な根拠，すなわちストーリーがどのように実現し，機能するかについて具体的に，できる限り数字を用いて説明できることが求められる。そして，そのような根拠に基づきストーリーの実現する可能性が高いことが合理的に期待できる場合は，ストーリーが確からしい（Probable）といえ，反対に実現可能性が低い場合には確からしくない（Improbable）ということになる。

　バリュエーションの実務では，多くの場合，上記の３つのＰのテストを通過した，確からしい（Probable）見積りに基づく収益やキャッシュフローが求められる。そして，評価にあたっては，確からしさの度合い，換言すればリスクに応じた期待リターンを使用して調整が行われる（つまり，割引現在価値が計算される）。将来の成長率を予測するにあたっては，もっともらしい（Plausible）値を用いることもある。可能性がある（Possible）レベルでは，一般的なDCF

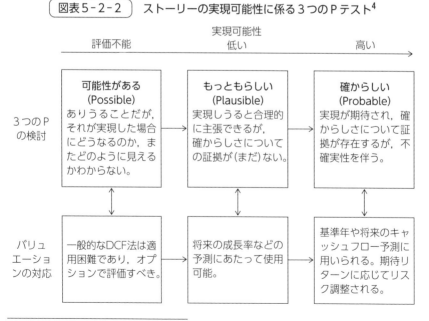

図表5-2-2　ストーリーの実現可能性に係る３つのＰテスト[4]

4　同上，141頁をもとに筆者作成。

法の枠組みには適用できないので，リアルオプションなど別の評価手法を採用することになる。

③　誰が事業計画を作成するか？

　バリュエーションの実務においては，多くのケースで対象会社が作成した事業計画を採用する。一般的に，経営者は自社の経営状況や将来の見通しなどについて最も豊富な情報を有しており，経営者が作成した事業計画を使用することが合理的である。とりわけ，スタートアップ企業の事業計画は，起業家が温めてきた独創的な構想やアイデアに基づくものであり，起業家のコミットメントの重要性は高い。一方で，M&A取引において経営者は売手としての当事者であり，必ずしも中立的な立場ではない。実際のところ，M&A市場においては当事者が希望している価格に合わせて，業績予測を調整するという行為は珍しくはない[5]。スタートアップ企業についてはさらに，事業計画が起業家の特別な思い入れや目標などを達成するための計画として作成され，その実現可能性について十分に検討されない場合もありうる。

　上場企業であれば，任意開示であるもののほとんどの企業が次期の業績予想を発表していることや，外部の株式アナリストが独自の予想を公表しているため，会社が作成する計画値や予想値の信頼性が高い，あるいは一定程度の検証が可能といえる。また，一定規模以上の企業の場合，M&A取引とは直接関係のない経営目的で，定期的に事業計画が作成されることがある（中期経営計画など）。こうした場合，経営企画部や財務部などの部門が起案し，マネジメントがレビュー，承認することで正式な事業計画ができ上がる。確立された組織的なプロセスにより事業計画が作成される場合，事業計画の信頼性は比較的高いといえる。

　しかし，スタートアップ企業を含む非上場企業や比較的小規模な企業については，そうした検証や取組みが比較的困難である。そもそもスタートアップ企

5　鈴木一功『企業価値評価【入門編】』（ダイヤモンド社，2018年），252頁。

業が置かれている事業環境は比較的安定的でなく，したがって将来予測に係る確実性が低い（リスクが高い）。将来の計画や予測が起業家の主観に影響され，客観的な見積りが困難となるという側面がある中で，専門的人材の蓄積も大企業に追いついておらず，ビジネスのアイデアを信頼性の高い数字に落とし込む際のリソースが十分でない場合もあるだろう。

　客観性の確保に係るポイントの1つは，外部専門家や取引相手の関与である。M&Aや株式発行などの機会において，第三者評価機関が株式価値の算定を行う場合，事業計画に対する関与の度合いは次のようなパターンがある。

・企業が作成した事業計画をそのまま使用するケース

　多くのケースでは，企業が作成した事業計画をそのまま使用する。この場合，評価者は事業計画をレビュー，または修正するなど積極的な関与を行わない。したがって，事業計画の見積りについて誤りがあり，その結果正確な評価とならなかったとしても評価者の責任範囲外である（実際，その旨が算定書のディスクレーマーに記載されていることが多い）。

・企業が作成した事業計画を評価者が分析・検討するケース

　評価者が専門家としての立場からも，事業計画を分析・検討する場合もある。この場合，事業計画は一義的には企業のマネジメントが作成するものの，評価者の意見を踏まえ，最終的に評価者とマネジメントが合意した事業計画が使用される。さらに，ケースによっては企業が作成した事業計画を基礎とするものの，評価者が経営者にインタビューを行い，事業計画に一定の修正を加えるなど，マネジメントの合意の有無にかかわらず評価者の判断によって事業計画を適宜修正する場合もある。このような場合，将来キャッシュフローの見積りについて，評価者の関与の度合いは大きなものとなり，より客観的な事業計画の作成が可能となる。

・買い手の投資家が独自の事業計画を作成するケース

　買い手となる投資家の立場として，対象企業の経営者が作成した事業計画をそのまま使用する場合は多いが，売り手企業の判断によらない，中立的で信頼性の高い事業計画を使用したいと考える場合，対象企業から提供された事業計画を修正する，あるいは，対象企業の経営者からのデータ入手やヒアリングに基づき独自の事業計画を作成することもある。このような場合，企業と投資家との間で事業計画をめぐって意見の相違が生じる可能性があるが，むしろ健全な交渉の一部と考えることができる。すなわち，価格の交渉以前に，事業計画のあり方をめぐって議論を深めることで，より信頼性の高いバリュエーションに基づき意思決定を行うことが可能となるといえる。

　さらに，買い手の投資家が事業会社などスタートアップ企業への出資によって事業上のシナジーなど戦略的な目的を持つ場合，例えば，あるスタートアップ企業が他社の出資を受け同社と事業上の提携関係が強化され，買い手企業の営業上のネットワークを利用することで売上増加が見込めるようなケースでは，それらシナジーを反映した事業計画の作成が求められる場合もある。一般的には，公正価値としてのバリュエーションは，シナジーを考慮しない中立的な事業計画に基づく評価であるものの，シナジー考慮後のバリュエーションを用意することで，買い手の投資家としては交渉の幅についてのよりよい理解を得ることができる。

④　**事業計画の作成アプローチ**

　事業計画は通常，損益計算書に含まれる主要な財務項目について将来予想を行うものであるが，最も重要性の高い項目は売上である。売上は事業の規模を表すから，費用や投資の水準は売上に対する一定の比率として推定が可能であるが，トップラインとなる売上は経営者によるコントロールが困難であるから，合理的なアプローチに基づく客観的な推定が重要となる。

　事業計画作成に係るアプローチは，大別してトップダウンアプローチとボトムアップアプローチがある。トップダウンアプローチは，適切に市場を定義し

た上で，将来の市場規模を推定し，対象企業が将来獲得できると思われるマーケットシェアを考慮して売上の推定を行う手法である。一方，ボトムアップアプローチは，対象企業の製品やサービスに対する需要や供給能力などを考慮して将来の売上等を直接推定する方法である。事業の特徴によってどちらのアプローチがより適切かが変わりうるが，事業計画の信頼性を高めるために，どちらか一方をメインアプローチ，もう1つを補完的アプローチとして採用し，可能な範囲で2つのアプローチの結果を比較することにより，分析の信頼性を高めることも有効である。

・トップダウンアプローチ

　トップダウンアプローチにおける考慮要素は，対象企業が事業を行う市場の特性によって大きく変わりうるが，標準的なプロセスとしては以下のようにまとめることができる。

(Step 1 ：市場の定義)

　対象企業の商品やサービスが提供される潜在的な市場を定義する。商品やサービスの特徴，および地理的要素が考慮されるが，例えば同じ商品区分であっても，高級品と汎用品の顧客層が異なり，異なる市場を形成する場合がある。反対に，一見異なる商品であっても互いに代替性を有し，経済的には1つの市場とみなすべき場合もある。市場分類の基準として産業分類を参考とする場合，わが国においては総務省が公表している日本標準産業分類[6]，あるいはSPEEDAなどの一般的に利用されているデータベースが作成している業界分類などが利用可能である。

(Step 2 ：市場規模と成長率の予測)

　上記で定義した市場の規模を分析する手段としては，多くの場合，公的機関

6　総務省ホームページ：https://www.soumu.go.jp/toukei_toukatsu/index/seido/sangyo/02toukatsu01_03000023.html

や業界団体などが公表している統計，あるいは民間調査機関によるマーケットリサーチレポートを利用することが可能である。将来市場がどのように成長していくかについても，マーケットリサーチレポートが市場関係者に対してヒアリングを実施し，これに基づく予測値を公表している場合がある。あるいは，一定の国や地域における経済規模（GDPなど）に対する比率をマクロ経済指標の予測値に適用して市場規模の推定が可能な場合もある。

(Step 3：市場における競争力の分析)

　上記で定義した市場において，主要なプレイヤーとの比較に基づく競争優位性の分析を行う。分析にあたっては，①事業ステージ，②品質や価格，③ブランド，④生産・供給能力などの観点から比較分析を行う。さらに，技術や規制などの観点から参入障壁はあるか，新たな競合が参入する可能性があるかなどにつき検討する。

(Step 4：マーケットシェアの予測)

　マーケットシェアの推定においては，まずStep 1で定義した市場における主要な競合他社をリストアップし，それぞれのマーケットシェアを比較する。そして，それぞれの会社のマーケットシェアの背景としてどのような事情があるか，例えば，ある会社のマーケットシェアが最大である場合，それをもたらした要因が価格面の競争力か，品質の高さか，ブランドか，営業力かなどにつき分析を行う。その上で，Step 3で分析した対象企業の競争力を考慮して，対象企業が獲得できると考えられるマーケットシェアを推定する。対象企業と競合との間で，商品やサービスの特徴，品質，価格に差異がある場合，これらが将来のマーケットシェアに及ぼす影響も考慮する。

(Step 5：営業利益の予測)

　Step 4のマーケットシェアが得られれば，それに基づき売上を推定することが可能となる。さらに，営業利益を推定する方法としては，すでにある程度事

業が軌道に乗っている場合には，自社の費用構造につき実績に基づき推定が可能かもしれない。すなわち，固定費と変動費について合理的な推定が可能であれば，たとえ現在赤字の状況であっても，将来売上が増加した場合にどの程度の営業費用が発生するか（どの程度の営業利益が得られるか）は予測が可能となる。未だ事業が初期的な段階で自社の費用構造が明らかでないような場合，類似企業の費用構造を参考として対象企業の将来の営業利益を見積もることは可能である。この場合もなるべく費用を固定費と変動費に分解して，売上の推移に基づき合理的な推定を行うことが望ましい。ただし，重要なのは営業利益の水準またはマージンの推定を行うことなので，詳細な費用項目ごとの推定まで求められることはない。

(Step 6 ：投資に係る予測)

　トップダウンアプローチにおいて，市場全体の成長，および対象企業のマーケットシェアの上昇によって売上が増加していくが，それを可能とするためには適切な投資が必要となる。投資はマイナスのキャッシュフローであるから，DCF法による評価を引き下げる効果を持つが，適切な投資を前提としない成長は合理的とはいえない。とりわけスタートアップ企業については事業計画期間に急速な成長を想定することが多いから，将来の投資をどのように計画するかは重要な考慮要素となる。将来の投資の見積りのためには，類似企業の投資の状況などは参考となるものの，自社の投資計画が存在するのであればより信頼性の高い情報源となるだろう。投資の形態としては，製造業にとっての設備投資の他，会計上は費用項目として扱われるものの，研究開発費用やエンジニアなどの中核的人材のコストなども広義の投資の項目として含まれる。

　・ボトムアップアプローチ

　上記のとおり，トップダウンアプローチにおいては市場全体の規模を推定し対象企業が獲得可能なマーケットシェアを基礎として間接的に売上を推定したが，ボトムアップアプローチは，対象企業の製品やサービスに対する需要や供

給能力などを考慮して将来の売上等を直接推定する方法である。ボトムアップアプローチはさらに，将来の需要に注目して推定を行う方法（需要ドリブン型）と，供給能力（制約）に注目して推定する方法（供給ドリブン型）がある。前者は将来の需要に合わせて柔軟に供給能力の増強が可能であるという前提に基づいており，ソフトウェアやヘルスケア関連の企業について当てはまる場合が多い。後者は市場における需要は豊富にあり，供給能力を拡大すれば自然と需要が伴うことを前提としており，大規模な設備投資を必要とする事業や，専門的な人的サービスを提供する企業について当てはまる可能性がある。ボトムアップアプローチの主なプロセスは以下のとおりである。

（Step 1 ：需要の見積り）

需要ドリブン型のシナリオにおいて，対象企業の製品やサービスに対して実際に需要が存在する場合，取引先からのヒアリングや営業活動からの知見などを活用し，自社製品やサービスに対する需要がどの程度か，成長ドライバーは数量増加か，価格上昇かなどついて予測を行う。取引先との共同開発など，すでに一定の事業上の関係が構築され，自社製品・サービスの需要や販売可能性についての見通しが明らかな場合，信頼性の高い予測が可能となる。

一方，供給ドリブン型のシナリオでは，需要は常に供給を上回るという前提を置いているが，その前提に問題がないかどうかは確認する必要がある。

（Step 2 ：供給能力についての予測）

需要ドリブン型，供給ドリブン型いずれのシナリオにおいても，供給能力は制約要因となりうる。したがって，自社製品やサービスに対する需要を満たすだけの供給能力がどの程度あるかという観点から，設備やスタッフのキャパシティ，将来の投資や設備増強などのスケジュールを分析する。スタートアップ企業については，開発スケジュールの進捗によって新製品やサービスの上市タイミングが大きく遅延する，あるいは供給能力の十分な確保ができず，目標とする売上が達成できないなどのリスクが事業計画に与える影響が大きい。この

ため，将来予測の基礎として，現在までの経営計画，KPIやマイルストーンの達成状況や予実分析などにより，事業ステージを確認することが重要となる。

(Step 3：営業利益，投資等の予測)

トップダウンアプローチの場合と同様，事業計画期間の営業費用および投資についての見積りを行う。また，最終的にFCFの計算が可能となるよう，減価償却や運転資本増減，税金等の前提条件について設定する。

⑤　予測期間と拡張的予測期間

DCF法による評価のためには将来のFCFについて客観的で信頼性の高い見積りが必要となるが，見積りの期間が長くなればなるほど，つまり遠い将来となるほど，正確な見積りは難しくなる。したがって，実務では合理的で信頼度の高い見積りを行うため3～5年程度の期間を設定することが多い。通常は直近の年度を基礎年度として，その実績と比較して将来年度の収益がどのように変化していくか，年度ごとに予測を行う。一定規模以上の企業であれば，経営目的で定期的に中期経営計画を作成することがあるが，その場合も3～5年の期間について収益を予測することが多い。DCF法の評価プロセスにおいては，このような期間を予測期間という。

DCF法は継続企業に対して適用する評価手法であるから，予測期間の後も事業は継続することを前提としているが，もちろん，未来永劫の将来を予測することは不可能である。したがって，多くの場合，予測期間の後，対象企業のFCFが一定の成長率で永遠に成長していくという前提を置いて評価を行う。このような，予測期間の後に永遠に続く期間のことを継続期間といい，継続期間のFCFの現在価値を継続価値という。継続価値の算定方法の詳細については後述する。

上記のような取扱いは，比較的成熟した企業については標準的な手法であるが，スタートアップ企業の場合，特別な工夫が必要な場合がある。スタートアップ企業は事業ステージが早期であり，安定的な成長段階に至るまでの期間

が比較的長い。したがって，将来3～5年の期間の収益予測だけでは十分でない。つまり，そのような期間の後にも比較的長い成長期間が見込まれ，その期間を経てやっと安定的な成長経路に入ると想定するほうが合理的である。

このため，スタートアップ企業の事業計画作成において，どれだけの期間の収益を予想すべきかは，柔軟に検討する必要がある。すなわち，対象企業の現在の事業ステージ，今後のステージ，さらには安定的な成長段階に至るまでの成長ストーリーを検討し，それぞれの期間の長さについても合理的なシナリオを設定する必要がある。

とはいえ，信頼性の高い見積りができる期間が限られることはスタートアップ企業についても同じである。過去の実績が豊富でない分，むしろ難しい面もあるだろう。したがって，現実的には事業計画で将来収益の見積りを行う予測期間は他の企業と同様3～5年とするものの，その後すぐに継続期間に入るのではなく，予測期間に続く期間として拡張期間（拡張的予測期間）を設定する。以下の**図表5-2-3**の例は，比較的成熟した企業につき5年の予測期間を設定して各年度のFCFを予測した後，継続期間においてFCFが年1％の成長率で永遠に成長するという前提を置いた場合のFCFの推移を示したものである。これに対し，**図表5-2-4**においては，2年後からやっとプラスのFCFを見込むスタートアップ企業のFCF推移を示している。同社については，当初5年間は個別の年度の収益予測が可能であったが，その先は信頼性の高い見積りは不可能であったため，FCFが10％の成長率で成長を続けるという想定の下，5年間の拡張期間を設定する。拡張期間が終わると，同社は安定的な成長段階に入り，1％の成長率で永遠に成長を続ける。

スタートアップ企業に適用可能なもう1つの方法は，市場予測を利用することである。上記評価アプローチの箇所で，市場規模に対し対象企業が獲得できると予想されるマーケットシェアを乗じて売上を予測する方法を紹介したが，調査機関やコンサルティング会社が発行する市場予測（マーケットリサーチレポート）の中には10年以上の長期にわたるものも多い。

例えば，投資銀行のモルガン・スタンレーは，いわゆる空飛ぶクルマ

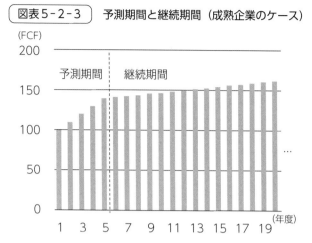

図表5-2-3　予測期間と継続期間（成熟企業のケース）

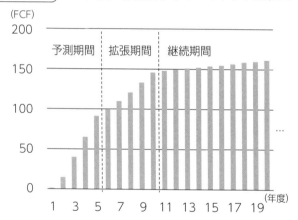

図表5-2-4　予測期間と継続期間（スタートアップ企業のケース）

（Urban Air Mobility）に関するレポートを発表しているが，同レポートにおいては，2020年から2050年までの長期にわたって関連市場の規模を予測しており，2050年時点では世界市場の規模が9兆円に達するという予想を提示している（図表5-2-5）[7]。信頼できるマーケットリサーチが入手可能な場合，これ

7　Morgan Stanley, "Urban Air Mobility - eVTOL/Urban Air Mobility TAM Update: A Slow Take-Off, But Sky's the Limit", Morgan Stanley Research（May 6, 2021), p.10.

らを利用して，例えば，対象企業について当初の５年間については詳細な予測を行い，その後10年間については，マーケットリサーチレポートに基づき予測することが可能である。

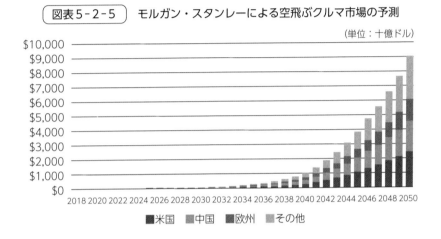

図表5-2-5　モルガン・スタンレーによる空飛ぶクルマ市場の予測

（単位：十億ドル）

■米国　■中国　■欧州　■その他

ステップ２：フリーキャッシュフローの推定

① フリーキャッシュフローの定義

　フリーキャッシュフロー（FCF）とは，企業が成長のために必要な投資をすべて行った後に投資家に還元できる現金の額である。FCFは通常，財務データを使用して計算されるが，その名のとおり現金の概念であるため，会計上の利益指標との間で差異が生じることには留意する必要がある。例えば，株主への配当は企業の税引後利益から支出されるが，FCFはいくつかの重要な点において，税引後利益とは異なる。すなわち，税引後利益が金利支払後の利益であるのに対し，FCFは利払い前の時点で計算される。また，税引後利益が減価償却など様々な非現金支出を控除して求められるのに対し，FCFはそのような控除を行わない。一方で，固定資産投資などは，損益計算書上は当年の減価償却分しか反映されないのに対し，FCFは現金の概念であるため，これら

の投資に伴う現金支出はFCFを減少させる。運転資本投資の増減も同様の扱いとなる。**図表5-2-6**は，売上等の現金収入からFCFが形成されるまでの流れを図式化したものである。

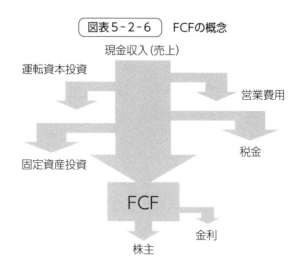

図表5-2-6　FCFの概念

FCFを数式で表すと下記［5-2-1］式〜［5-2-3］式のように表記できる。**図表5-2-6**から明らかなように，売上（現金収入）から各種の費用や投資，税金などキャッシュアウトフローが生じるプロセスのどの段階を出発点とするかによって，計算式は変わりうる。［5-2-1］式においては，税引後利益を出発点とするものであるが，特別損益などの項目を調整後の損益計算書上の最終利益ではなく，営業活動から生じる経常的な利益に限定するため，税引後営業利益（NOPAT：Net Operating Profit After Tax）を用いることが一般的である。また，利払前税引前利益（EBIT：Earnings Before Interest and Tax）を出発点とする場合は，税引後利益に税引前の金利と，税金を足し戻したものに等しいから，［5-2-2］式が成立する。同様に，EBITDA（Earnings Before Interest, Tax, Depreciation, and Amortization）は，EBITに税引前の減価償却費を足し戻したものに等しいから，FCFは［5-2-3］

式からも求められる。

$$FCF = 税引後利益 + 減価償却費等 + 金利 \times (1 - 実効税率)$$
$$- 固定資本投資 - 運転資本投資 \qquad [5\text{-}2\text{-}1]$$
$$FCF = EBIT \times (1 - 実効税率) + 減価償却費等$$
$$- 固定資本投資 - 運転資本投資 \qquad [5\text{-}2\text{-}2]$$
$$FCF = EBITDA \times (1 - 実効税率) + 減価償却費等 \times 実効税率$$
$$- 固定資本投資 - 運転資本投資 \qquad [5\text{-}2\text{-}3]$$

② フリーキャッシュフローの算定

実際のFCF予測プロセスはケースごとに様々であるが，基本的には売上の推定からスタートし，加減算すべき費用，設備投資，減価償却，運転資本，税金などの主要項目を検討した上で将来年度のFCFを計算する流れとなる。具体的なイメージを持てるよう，以下では仮設例を使ってFCF算定プロセスを解説する。

Case5-2-1　フリーキャッシュフローの算定例（アルファペイ社）

アルファペイ社は大手オンラインペイメント企業のマネジメント出身の起業家が2年前に設立したスタートアップ企業であり，電子決済システムの安全性向上のための技術開発を行っている。今年（2023年）初めて売上を計上したが，近く資金調達ラウンド（シリーズA）を予定しているため，事業計画の作成を進めている。

・売上

売上はキャッシュインフローの大部分を占め，少しの差異であっても最終的なFCFの結果に大きな影響を及ぼしうる。したがって，FCF予測プロセスにおいて，合理的な売上の推定は最も重要な要素の1つであるといえる。アルファペイ社は，事業計画作成の第一歩として，将来の売上を予測するにあたり，ボトムアップアプローチ

（上述）を採用した。すなわち，顧客への営業活動に基づく今後の需要見通しや自社製品の開発計画，上市スケジュールなどを検討し，今後5年間（2024年〜2028年）の売上を推定した。それによると，今後2年間，同社売上は急速に成長し，2024年の成長率は55.2％，2025年は80.7％となる。その後売上の伸びはなだらかとなり，最終年度の2028年には24.4％となる。

　上記の事業計画の対象となる2028年までの5年間は，DCF法のモデルにおいて予測期間となるが，最終年度の売上成長率24.4％は，ピークからは低下したとはいえ未だ高い成長率となっている。比較的成熟した企業であれば，予測期間の成長率もそれほど高くないため，安定的成長を前提とする継続期間への接続が不自然なものとはならないが，スタートアップ企業の場合，予測期間と継続期間との間の成長率の格差が大きく無理が生じるため，上述のように，拡張期間を導入することが多い。

　アルファペイ社の場合も2029年から2033年の5年間を拡張期間として導入する。予測期間と拡張期間が終わった後，永久の将来に至る期間（継続期間）のFCFの現在価値（継続価値）の算定について，永久成長率法を採用する場合，永久に続く一定の成長率を設定するが，アルファペイ社の例においては，後述のとおり1％とする。したがって，継続期間へのスムーズな連続を図るため，拡張期間の最終年度（2033年度）の売上成長率は1％とし，予測期間最終年度（2028年度）の24.4％から1％まで，拡張期間の5年間に段階的に成長率が下降していくという前提を適用し，各年度の売上を推定する（**図表5-2-7**①）。

・**費用**

　次に事業活動に係る費用を推定する。売上と比べると，費用の推定は内部情報を使用できることが多いため，信頼度の高い推定が可能である。アルファペイ社の場合，同社技術を組み込んだソフトウェアや関連サービスを提供するため，売上原価に係る項目は外注費やサービス提供のためのシステムに係る減価償却費など一部に限られ，おおむね売上の10％程度である。事業計画の対象となる2024年〜2028年の5年間（予測期間）については，外注費の見通しなど予測可能な範囲で費用を見積もり，最終的におおむね売上比で10％程度となるよう，売上原価を予測した。拡張期間（2029年〜2033年）については，予測期間の売上比平均（10.1％）を適用して売上原価を推定した（**図表5-2-7**②）。

　販売費及び一般管理費には，売上原価以外の様々な費用が含まれる。スタートアップ企業について重要と考えられるのは研究開発費である。創業後，安定的な事業基盤が確立されるまでの間は研究開発活動が中核的な位置を占めているためである。経済的には研究開発に係る費用は将来のリターンを生むための投資としての性格を有しているが，会計上は主として販売費及び一般管理費の一部として計上される。これら研究開発費用については，研究開発に係る計画やスケジュールがあれば，それらを基礎としてある程度合理的な費用の見積りが可能となるだろう。

　また，スタートアップ企業の創造性が起業家や中核的スタッフの貢献に基づくものであることを考慮すると，人的資本のコスト，つまり人件費の重要度が高いことも当然といえる。スタートアップ企業の場合はストック・オプションにより成功報酬が支払われることが多いが，固定的な費用として将来の人員構成などを基礎として，ある程度安定的な見積りを行うことが可能である。

　アルファペイ社についても，これら研究開発活動の計画や，人員構成に係る見積りを基礎として，研究開発費や人件費の見積りを行い，その他費用についても一定の前提の下で推定し，**図表5-2-7**③のとおり，販売費及び一般管理費の予測を行う。

　売上から売上原価と販売費及び一般管理費を控除したものが営業利益である。アルファペイ社の事業計画においては，初年度（2024年）はまだ営業利益レベルで赤字であるものの，次年度（2025年）以降，黒字化していくことが予想されている。

・設備投資

　実際の現金支出を伴う設備投資はFCFを減少させるが，事業を成長させ将来のFCFを獲得するために必要な項目である。設備投資は，①現在の設備を維持更新するために必要な投資と，②設備の規模を拡大させるための投資に大別できる。上記①は既存の設備に係る減価償却費相当となり，②については，新たな設備を導入するための新規投資が含まれる。

　アルファペイ社の場合，当初5年間の予測期間（2024年～2028年）については，経営者が経営計画に基づき**図表5-2-7**④のとおり見積りを行った。その後の拡張期間（2029年～2033年）においては，現在の設備の維持更新のための投資（上記①）は当年の減価償却費相当であり，設備規模拡大のための投資（上記②）は，翌年度の売上増分の10％を再投資に振り向けるという前提で予測を行った。拡張期間

の最終年度（2033年）の設備投資額は減価償却費と同額の22百万円となったが，この金額が安定的な事業ステージにおける設備水準を維持更新するために必要な投資額であるといえる。

・減価償却

　減価償却費は会計上，売上原価や販売費及び一般管理費の一部として計上されるが，現金のやり取りを伴うものではない。このため，営業利益（EBIT）や税引後営業利益（NOPAT）など会計上の利益を基礎としてFCFを計算する場合には，減価償却費を足し戻すことが求められる。

　アルファペイ社のケースでは，上記のとおり，将来の設備投資の見積りが行われているが，これに基づき減価償却費を計算する。実際には資産ごとに耐用年数が異なるが，ここでは主要な設備がコンピュータやサーバー等のハードウェアであるとして5年間の定額法を適用する。この場合，各年度の減価償却額は過去5年間の設備投資の平均と等しくなるが，年度の中間のタイミングでキャッシュフローが生じるという前提（期央主義）の下で，例えば，2033年の減価償却費は2028年と2033年は半年分，2029年から2032年までは1年分の設備投資額を合計し，5年で除した19.6百万円となる。

・運転資本増減

　運転資本とは，営業活動を行う上で必要となる資金であり，通常，流動資産から流動負債を控除した金額として計算される。ここでいう流動資産は現金等を除く，売上債権や棚卸資産（在庫）を指し，流動負債は仕入債務を意味する。すなわち，日々の営業活動においては，商品やサービスを掛け取引で販売し，受け取っていない代金（売上債権）や在庫を維持するための資金が必要であり，一方，商品やサービスを掛け取引で購入し，支払っていない代金についてはその分，現金を用意する必要がないため，両者の差があらかじめ用意しなくてはならない現金の額となる。したがって，入金サイトをできるだけ短くし，在庫水準を圧縮し，支払サイトをできるだけ長くすれば，運転資本を小さなものとすることができる。

　FCFの計算においては，運転資本が一定であれば現金の変動はないが，事業規模の拡大に伴い必要とされる運転資本が増加すれば，追加的な投資（現金支出）が必要

となる。逆に運転資本が減少すれば，現金流入が生じる。

　アルファペイ社の場合，在庫を保有せず，支払サイトと入金サイトのいずれもあまり長いものではないため，必要運転資本の水準は比較的小さい。このため，当初5年間の事業計画期間（予測期間）およびその後の5年間（拡張期間）の運転資本増減については，過去の実績に基づき売上増分の5%が追加的に求められる運転資本となるという前提を置いて推定する。例えば，2029年の運転資本増減は2.1百万円（＝（249.2－208.1）×5%）となる。

・税金

　税金の影響を推定するにあたり，まず，対象企業に適用される法人税の実効税率を確認する。各種の繰延税金資産や負債がある場合，税効果の影響を検討する。また，スタートアップ企業に対しては，各種の優遇税制が利用可能な場合がある。FCFの計算においては，これらが適切に反映されるよう，留意する必要がある。

　アルファペイ社については，全期間に適用される実効税率を30.6%と見積もった。アルファペイ社は設立後3年間赤字であるが，わが国の税法では法人の赤字は将来の10年間にわたり繰越しが可能である。このため，**図表5-2-7⑤**のとおり税効果を反映した法人税額を計算する。例えば，2022年から2024年までの3年間の赤字によって12.8百万円（＝（12.3百万円＋19.0百万円＋10.6百万円）×30.6%）の繰延税金資産が生じるが，2025年の法人税（本来は4.7百万円）はこれを取り崩してゼロとなり，2026年は残った繰延税金資産を使用して6.0百万円（＝46.2百万円×30.6%－12.8百万円＋4.7百万円）となる。

・FCFの計算

　上記のとおり，各項目の準備を整えた後，FCFの計算を行う。アルファペイ社については，上記FCFの定義のセクションで述べたとおり，税引後営業利益（NOPAT）を基礎として，加算項目として減価償却費，減算項目として設備投資および運転資本増減を考慮してFCFを計算すると，各年度のFCFは**図表5-2-7⑥**のとおりとなる。

図表5-2-7　アルファベイ社の事業計画とFCFの計算

アルファベイ社（単位：千円）　評価基準日 2023/12/31

		実績	見込み	（予測期間）							（拡張期間）			（継続期間）
		2022.12	2023.12	2024.12	2025.12	2026.12	2027.12	2028.12	2029.12	2030.12	2031.12	2032.12	2033.12	継続年度
①	売上	0	30,713	47,657	86,097	129,258	167,300	208,128	249,178	286,661	316,363	334,335	337,679	337,679
	成長率	n/a	n/a	55.2%	80.7%	50.1%	29.4%	24.4%	19.7%	15.0%	10.4%	5.7%	1.0%	
②	売上原価	0	-3,226	-4,898	-8,818	-12,670	-17,455	-19,669	-25,213	-29,005	-32,011	-33,829	-34,167	-34,167
	対売上比	n/a	-10.5%	-10.3%	-10.2%	-9.8%	-10.4%	-9.5%	-10.1%	-10.1%	-10.1%	-10.1%	-10.1%	-10.1%
	粗利益	0	27,486	42,759	77,279	116,588	149,845	188,460	223,966	257,655	284,353	300,506	303,511	303,511
③	販売費及び一般管理費	-12,265	-46,563	-54,195	-63,410	-72,781	-75,761	-87,239	-100,999	-112,227	-119,479	-121,642	-118,188	-118,188
	対売上比	n/a	-151.6%	-113.7%	-73.6%	-56.3%	-45.3%	-41.9%	-40.5%	-39.1%	-37.8%	-36.4%	-35.0%	-35.0%
	営業利益	-12,265	-19,076	-11,436	13,870	43,806	74,084	101,220	122,967	145,429	164,874	178,864	185,324	185,324
	対売上比	n/a	-62.1%	-24.0%	16.1%	33.9%	44.3%	48.6%	49.3%	50.7%	52.1%	53.5%	54.9%	54.9%
	その他損益	0	115	838	1,460	2,353	2,511	1,993	0	0	0	0	0	0
	税引前利益	-12,265	-18,961	-10,598	15,330	46,159	76,596	103,213	122,967	145,429	164,874	178,864	185,324	185,324
⑤	税金	0	0	0	0	-6,021	-23,454	-31,604	-37,652	-44,530	-50,484	-54,768	-56,746	-56,746
	実効税率　30.6%	30.6%	30.6%	30.6%	30.6%	30.6%	30.6%	30.6%	30.6%	30.6%	30.6%	30.6%	30.6%	30.6%
	EBITDA	-11,961	-18,468	-10,109	17,597	50,134	83,212	112,940	137,567	161,411	182,108	197,126	204,105	204,105
	NOPAT	-12,265	-18,961	-10,598	15,330	40,138	53,142	71,609	85,314	100,899	114,389	124,096	128,578	128,578
④	減価償却費	304	608	1,328	3,728	6,328	9,128	11,719	14,600	15,982	17,235	18,261	18,781	18,781
	設備投資	-3,041	-3,597	-12,000	-13,000	-14,000	-16,000	-18,000	-18,912	-19,260	-19,134	-18,599	-19,119	-18,781
	運転資本増減	0	-1,536	-847	-1,922	-2,158	-1,902	-2,041	-2,052	-1,874	-1,485	-899	-167	0
⑥	FCF	-15,002	-23,486	-22,118	4,136	30,307	44,368	63,287	78,950	95,746	111,005	122,860	128,073	128,578

ステップ3：割引率の計算

① 加重平均資本コスト（WACC）

　事業計画の収益予想に基づき予測される将来のFCFは，実際に実現するかどうかはわからない。特にスタートアップ企業のような早期の事業ステージに位置するリスクの高い企業の将来は不確実であり，FCFの実現可能性は大きな不確実性を伴うといえる。リスクが存在する資産に対し，投資家はリスクに見合ったリターンを要求する。リスクが大きくなればなるほど，投資家が期待するリターンは大きなものとなる。そして，将来のキャッシュフローの金額を一定とすれば，期待するリターンが大きくなればなるほど割引率は大きくなり，これを適用して算定される現在価値は小さなものとなる。

　DCF法においては，一般的に，割引率として加重平均資本コスト（WACC：Weighted Average Cost of Capital）を用いてFCFの現在価値としての企業価値を求める。WACCはその名のとおり，株主資本コスト（K_e）と負債コスト（K_d）の加重平均である。株主資本コストは株式に投資することにより投資家が将来得られると期待するリターン（期待収益）であり，負債コストは借入れや債券発行に応じて資金を提供した債権者が将来得ることのできる金利収入である。WACCはこれら株主資本コストと負債コストを資本構成に従ってウェイト付けし，これらの加重平均として企業の全体的な資本コストを求めるものである。

$$WACC = K_e \times \frac{E}{E+D} + K_d \times (1-T) \times \frac{D}{E+D} \qquad [5\text{-}2\text{-}4]$$

ここで，K_e：株主資本コスト

$\quad\quad K_d$：負債コスト

$\quad\quad E$：株式

$\quad\quad D$：負債

$\quad\quad T$：実効税率

　WACCを数式で表現すると［5-2-4］のとおりとなるが，同式右辺において，負債コストに（1－T）を乗じているのは，株主への配当とは異なり，債権者への金利支払は会計上費用計上され，税効果が生じるためである。ただし，スタートアップ企業の多くは借入れを行わず，すべて株式による資金調達に依存している。このような場合，当然ながらWACC＝株主資本コストとなる。

　なお，ファイナンス分野の代表的な教科書であるブリーリー他『コーポレート・ファイナンス』によれば，DCF法においては，通常，各年のキャッシュフローを割り引く際には単一の割引率を用いるが，このようなルールには例外があり，リスクが一定でない場合には，同一の割引率を用いることが合理的と思われる部分ごとにプロジェクトを分割する必要がある[8]。つまり，1つのプロジェクトであるからといって単一の割引率を全期間に適用するのではなく，期間によってリスクの特徴が変わるのであれば，割引率も変わりうる。そして，スタートアップ企業について重要なコンセプトは，時間が経つにつれて，割引率が次第に低下していくということである。すなわち，スタートアップ企業の

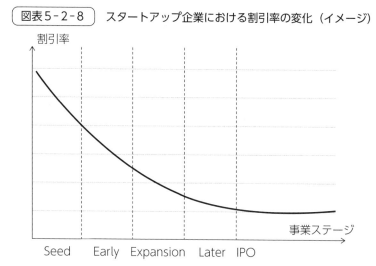

図表5-2-8　スタートアップ企業における割引率の変化（イメージ）

割引率

事業ステージ

Seed　　Early　Expansion　Later　IPO

8　リチャード・ブリーリー，スチュワート・マイヤーズ，フランクリン・アレン著，藤井眞理子，國枝繁樹監訳『コーポレート・ファイナンス（第10版）上』（日経BP社，2014年），383頁。

評価にあたっては，少なくとも新規上場（IPO）に至るまでの期間については，企業の成長ステージに合わせて割引率を低下させていくことがむしろ一般的である。以下では，WACCの構成要素である株主資本コストと負債コストの計算過程で，このような事業ステージの変化に伴う影響を考慮する手法につき解説していく。

Case5-2-2 WACCの計算例（アルファペイ社）

アルファペイ社の事例において，後ほど株主資本コストと負債コストの具体的数値を計算していくが，これらの結果を上記［5-2-4］式に入力してWACCを求めると図表5-2-9のとおりとなる。同社のWACCは当初22.3％という比較的高い水準であったが，事業ステージが進むにつれ低下し，10年目以降は9.1％となる。

図表5-2-9 WACCの計算例（アルファペイ社）

	K_e	E/(E+D)	K_d	D/(E+D)	T	WACC
Year 1	22.3%	100.0%	n/a	0.0%	30.6%	22.3%
Year 2	22.3%	100.0%	n/a	0.0%	30.6%	22.3%
Year 3	22.3%	100.0%	n/a	0.0%	30.6%	22.3%
Year 4	22.3%	100.0%	n/a	0.0%	30.6%	22.3%
Year 5	22.3%	100.0%	n/a	0.0%	30.6%	22.3%
Year 6	19.8%	98.0%	2.0%	2.0%	30.6%	19.5%
Year 7	17.4%	95.9%	2.0%	4.1%	30.6%	16.7%
Year 8	14.9%	93.9%	2.0%	6.1%	30.6%	14.1%
Year 9	12.4%	91.8%	2.0%	8.2%	30.6%	11.5%
Year 10	10.0%	89.8%	2.0%	10.2%	30.6%	9.1%
継続期間	10.0%	89.8%	2.0%	10.2%	30.6%	9.1%

② **株主資本コスト：標準的CAPM**
・**CAPMの理論的背景**

株主資本コスト（K_e）は，対象とする株式に投資する投資家が要求する期

待収益率（E(r)）と同義であり，一般に，資本資産価格モデル（CAPM：
Capital Asset Pricing Model）に基づき推定する。CAPMは株式市場における
リスクとリターンの関係を説明する基礎的理論であるモダン・ポートフォリオ
理論を基礎として発展したものであり，個別株式の期待収益率を推定する理論
として広く知られている。

　モダン・ポートフォリオ理論とは，1950年代にハリー・マーコヴィッツによ
り提唱され，ファイナンス分野で広く知られている基本的理論である。同理論
によれば，株式投資のリスクは分散投資，つまり多数の株式から構成される
ポートフォリオへの投資において限りなくゼロにまで近づけることのできる企
業固有要因に基づくリスク（アンシステマティック・リスク）と，分散投資に
よっても除去できない市場全体に影響が及ぶリスク（システマティック・リス
ク）に分類できる。この前提の下，株式を様々に組み合わせて多数のポート
フォリオを作り比較すると，同じリスクの水準でも期待収益率の高いポート
フォリオと低いポートフォリオが存在する（例えば，**図表5-2-10**のポート
フォリオBとD）。そして，リスクを一定とした場合に最も期待収益率の高い
ポートフォリオ（例として，**図表5-2-10**のポートフォリオA，B，C）を
線でつないだものを効率的フロンティアと呼ぶ。

　さらに，国債などリスクフリー資産を導入すると，リスクフリー資産100％
のポートフォリオは**図表5-2-10**の縦軸上に位置する。この点を通り，効率
的フロンティアに接するよう直線を引くと，その接点となるのがすべての株式
から構成されるポートフォリオ（市場ポートフォリオ）である。

　このような，リスクフリー資産と市場ポートフォリオの組み合わせとして描
かれる直線を証券市場線（Security Market Line）と呼ぶ。**図表5-2-10**の
とおり，証券市場線は効率的フロンティアよりも上方に位置しており，株式の
ポートフォリオだけで構成された効率的フロンティアよりも，さらに効率的で
ある。

　ここで，リスクの尺度としてはベータ（β）が用いられる。ベータとは，個
別株式やポートフォリオの収益が市場ポートフォリオの動きに対してどの程度

敏感に反応して変動するかを示す数値である。例えば，ある株式のベータが1.5
である場合，市場ポートフォリオが１％上昇または下落する場合，その株式の
リターンは1.5％上昇または下落する傾向があることを意味している。**図表5-
2-10**において，証券市場線が右肩上がりの直線であることは，ベータで表さ
れるリスクが高くなればなるほど，期待収益率が高くなることを意味している。
すなわち，ベータ１よりも左側はリスクフリー資産との市場ポートフォリオの
組み合わせであるが，右側はリスクフリー資産がマイナス，つまり借入れを
行っていることを示している。したがって，例えばベータが２であることは，
手持ちの投資資金の全額，さらに同額を借入れて調達して市場ポートフォリオ
に投資している状態に対応しているといえる。

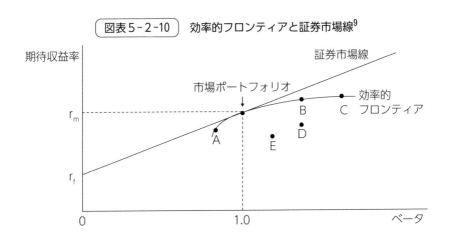

図表5-2-10 効率的フロンティアと証券市場線[9]

　図表5-2-10で明らかなように，証券市場線とは期待収益率（R_e）を縦軸，
ベータを横軸とする象限において，縦軸上のR_f（リスクフリー資産の金利）を
起点とし，（$r_m - r_f$）を傾きとする直線として描かれる。CAPMは上記のよう
な証券市場線の関係に基づくものであり，以下の数式で表すことができる。

9　前掲注8，318頁，349頁をもとに筆者作成。

$$R_e = R_f + \beta \left\{ E(R_m) - R_f \right\} \qquad [5\text{-}2\text{-}5]$$

R_e 　　　：株主資本コスト

R_f 　　　：リスクフリーレート

β 　　　：リスク感応度

$E(R_m)$ ：市場ポートフォリオの収益率

・リスクフリーレート

リスクフリーレート（R_f）は，国債等のリスクフリー資産から得られる金利を意味する。基本的には中長期の金利であり，長らく超低金利の状態が続いてきたわが国の実務においては0％と設定することが多かったが，最近のインフレ上昇傾向の下で，そのような対応は困難となりつつある。一方，本書の執筆時点（2023年8月）においては，日本銀行の金融政策の一環として同行が10年物国債の流通市場に介入し，人為的に長期金利を抑制するイールドカーブコントロール（YCC）が継続されている。これまでは長期金利の指標として10年物国債利回りを利用することが多かったが，YCCの下ではそれが市場によって形成された長期金利のコンセンサスを表しているとはいい難い状態にある。したがって，現在の状況においては，代替的に20年物国債利回りを使用するなど，留意が必要である。

・株式リスクプレミアム

株式リスクプレミアム（ERP: Equity Risk Premium）は，株式市場一般のリスクをとることに対して投資家が期待する追加的リターン（プレミアム）であり，市場一般の期待収益率からリスクフリー金利を控除して求められる（[5-2-5]式の中の $\{E(Rm)-Rf\}$）。ここで，市場一般の期待収益率とは，市場ポートフォリオの期待収益率であり，代理変数として市場インデックスのヒストリカルリターンが使用されることが多い。具体的には，米国であればS&P500，わが国についてはTOPIXを利用することが一般的である。これを基

礎として，イボットソン・アソシエイツは，米国については1926年から，日本については1952年から直近までの期間のERPの推定値を提供している。このほか，米国ではシカゴ大学付属の研究機関である，Center for Research in Security Prices（CRSP）がイボットソンとは異なる手法に基づくERP推定結果を提供している。

このように市場インデックスの過去の実績を基礎とするERPをヒストリカルERPというが，その問題点として，過去から現在に至るまで，マクロ経済や企業の資金調達行動，投資家の構成，規制や法律の環境等々，投資家のリスクに対する姿勢に影響を与える様々な要因が変化しているにもかかわらず，ヒストリカルERPがこのような経済構造の変化を反映していないということがある。わが国についても，戦後の混乱期，高度成長期，バブル期，バブル後の停滞期，アベノミクスによる回復期等，期間ごとに大きく異なる様相を示し，株式市場のパフォーマンスも大きく異なる。長い期間の平均のほうが期間ごとの固有要因を平準化させ，安定的な期待値が得られるというメリットがあるが，その反面，遠い過去の状況を反映したERPが将来の市場を予想する上で合理的かどうかという疑問の余地がある。

このためヒストリカルERPに代わる方法として，将来のキャッシュフローを供給する企業サイドの情報に着目するサプライサイドERP[10]など他の推定方法や，評価者の専門的判断として一定のERPを設定する方法などが利用される場合もある。

・ベータ

次にCAPMにおいて使用するベータ（β）を求めるプロセスについて検討しよう。上記のとおり，ベータとは，個別株式やポートフォリオの収益が市場ポートフォリオの動きに対してどの程度敏感に反応して変動するかを示す数値であるが，バリュエーションの実務においては，類似上場企業のベータの平均

---

10 代表的な文献として，Eugene F. Fama and Kenneth R. French, "The Equity Premium", Journal of Finance（April 2002）などがある。

値や中央値を使うことが多い。ベータは，企業の株式リターンを被説明変数 y とし，市場ポートフォリオのリターンを説明変数 x とする回帰分析を行い，その結果得られる回帰式の係数（回帰係数）として求めることができる。

実務において，上記の回帰分析を行う場合，株式リターンとしては過去 2 〜 5 年間の週次のリターンを用いることが多い。回帰分析の実行はエクセルのデータ分析機能を利用することで可能であるが，ブルームバーグや SPEEDA などのデータベースがベータの計算結果を提供しており，これらを利用することも多い。

ここで留意すべきは，資本構成によってベータが影響を受けることである。負債の割合が大きい企業はそうでない企業と比べ，同じ収益の水準であっても，株主に分配される利益がより大きく変動する。つまり，レバレッジが高い企業の株主は，収益が上がればより高い利益，下がればより低い利益を得ることになる。そうすると市場ポートフォリオへの感応度を示すベータの値も高くなる。

このため，ベータを求めるプロセスにおいては，いったん類似上場企業のアンレバードベータを計算し，その後，対象企業の資本構成に合わせて調整したベータ（リレバードベータ）を求めることが一般的である。ここでアンレバードベータとは，個々の企業の資本構成を反映している実際のベータ（レバードベータ）を調整して，100％株式という資本構成の場合にどのようなベータとなるかを求めるものである。

$$\beta_U = \frac{\beta_L}{1 + (1 - T) \times (D_i / E_i)} \qquad [5\text{-}2\text{-}6]$$

β_U：アンレバードベータ

β_L：レバードベータ

E_i：類似上場企業の株式時価総額

D_i：類似上場企業の有利子負債

T：実効税率

　上記で求めたアンレバードベータは，100％株式という資本構成を前提としているから，対象企業の資本構成を反映するよう調整したリレバードベータを求める。アンレバードベータからリレバードベータへの変換は上記［5-2-6］の逆プロセスであるから，以下の［5-2-7］式のとおりとなる。

$$\beta_{RL} = \beta_U \times [1 + (1 - T) \times (D_t/E_t)] \qquad [5-2-7]$$

　　　β_{RL}　：リレバードベータ

　　　β_U　：アンレバードベータ

　　　E_t　：対象企業の株式時価総額

　　　D_i　：対象企業の有利子負債

　　　T　：実効税率

Case5-2-3　株主資本コスト（標準的CAPM）の計算例（アルファペイ社）

　アルファペイ社の類似企業の１つであるＡ社について，過去一定期間のデータに基づき回帰分析を行うと，以下の回帰式を得る。この場合のベータは，回帰式の右辺，回帰係数として示されているとおり1.246である。

　　　$y = 0.0007 + 1.246x$

　上記の回帰式は，Ａ社株式リターンを縦軸，TOPIXリターンを横軸として散布図を描いた場合，これらデータに最もよく当てはまる直線である。上記式の定数項0.0007は直線と縦軸が交差する切片であり，回帰係数1.246，すなわちベータは直線の傾きを示している。つまりベータは，類似上場企業と市場ポートフォリオの株式リターンの統計的な相関関係を示すものである。なお，回帰直線がどれほどよくデータに当てはまるかを示す指標を決定係数と呼ぶ。決定係数は０から１までの値をとり，０であれば説明変数が被説明変数を説明する度合がゼロ，１であれば100％であることを示す。Ａ社株式についての回帰分析の結果，決定係数は0.383であった。

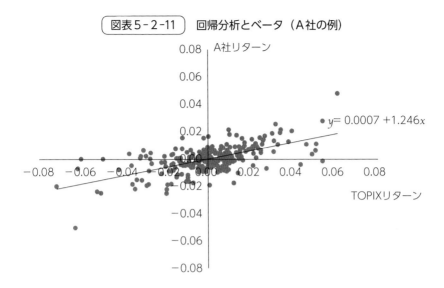

図表5-2-11　回帰分析とベータ（A社の例）

　アルファペイ社の事例では，**図表5-2-12**のとおり，類似上場企業としてA社を含む6社を選定し，それぞれにつきレバードベータを求め，資本構成を考慮して上記［5-2-6］式に従いアンレバードベータを計算した。資本構成のデータとしては株式の時価総額，および負債については有利子負債の簿価（本来は負債についても時価が望ましいが，有利子負債の簿価で代用可能）を使用する。**図表5-2-12**のとおり，類似上場企業のアンレバードベータの平均は1.20，中央値は1.19であった。

　次に，リレバードベータを求める必要があるが，アンレバードベータとして類似上企業の中央値である1.19を採用すると，同社は現状負債を有しておらず資本のすべてが株式であるから，リレバードベータはアンレバードベータと同じ1.19となる。

　しかし，企業の事業ステージによって，資本構成は変わりうる。スタートアップ企業は一般に株式による資金調達が支配的であるが，事業ステージが進むにつれ，負債の比率も高まっていく。したがって，アルファペイ社についても，中長期的には業界の平均的な資本構成に収れんしていくと考えることが合理的である。類似上場企業のD/Eレシオの中央値11％を適用して中長期的なリレバードベータを計算すると，1.28となるが，これを予測期間と拡張期間が終了した後の継続期間において適用する（当初の10年間（予測期間＋拡張期間）の取扱いについては後述する）。

	β_L	株式時価総額	有利子負債	D/E	実効税率	β_U
A社	1.246	3,204	0	0%	29.0%	1.25
B社	1.343	13,232	3,251	25%	32.0%	1.15
C社	1.652	12,932	2,935	23%	32.0%	1.43
D社	1.097	2,993	0	0%	30.6%	1.10
E社	1.335	5,322	1,892	36%	33.0%	1.08
F社	1.222	4,121	0	0%	30.6%	1.22
平均値						1.20
中央値				14%		1.19
（アルファペイ社実効税率）					30.6%	
β_{RL}（当初）						1.19
β_{RL}（中長期）						1.28

図表5-2-12　ベータの計算例（アルファペイ社）

　上記で分析したベータの他，リスクフリーレートについては，国債市場やインフレに係る指標を参考として1％とし，株式リスクプレミアムについては，TOPIXの過去20年の年平均リターン（配当込みのトータルリターン）を基礎とするヒストリカルERPを使用して7％と設定した。これらインプットを［5-2-5］式に代入して，アルファペイ社の継続期間に適用可能なCAPMに基づく株主資本コスト（株式期待収益率）を求めると，9.9％（＝1％+1.28×7％）となる。

③　株主資本コスト：トータルベータに基づくCAPM

・トータルベータ

　上記で紹介したモダン・ポートフォリオ理論によれば，企業固有のリスク（アンシステマティック・リスク）は，CAPMの文脈の下では通常，考慮されていない。株式市場において，多数の株式（ポートフォリオ）に投資する投資家にとっては，そのようなリスクは最終的には分散効果により相殺されるからである。しかし，非上場企業，とりわけスタートアップ企業についてはそのような企業固有リスクの重要性が高く，投資家の立場から見ても必ずしも十分な

分散が可能であるわけではない。例えば，スタートアップ企業の起業家は，創業間もない期間においては，自己資金の大半を出資して事業を行うことが珍しくない。事業ステージが進むにつれポートフォリオ投資を前提とする投資家が参画し，IPOが可能となった場合には他の上場企業と同様の状況となるが，早期となるほど投資家がアンシステマティック・リスクにさらされる度合いは高くなる。

　株主資本コストの計算において，上記のようなアンシステマティック・リスクの影響を反映させるための1つのアプローチは，トータルベータを考慮することである。トータルベータは，上記で計算したベータ（マーケットベータという）を相関係数（R）で除した値であり，以下［5-2-8］式のように比較的簡単に計算できる。相関係数とは，xとyという2つの変数の関係の強さを示す指標であり[11]，エクセルなどで回帰分析を行うと基本統計量の1つとして表示される。相関係数を二乗したものが上記で述べた決定係数（R^2）である。

トータルベータ＝マーケットベータ÷相関係数　　　［5-2-8］

　ここで，相関係数は本来，対象会社の数値を使用すべきであるが，上場前のスタートアップ企業の評価の文脈では不可能であるため，類似上場企業の平均を用いる。留意すべきは上記のような分散の前提がスタートアップ企業の成長にあわせて変化していくことである。つまり，当初は分散投資を前提としない状況からスタートするが，事業ステージが進むにつれポートフォリオ投資を前提とする投資家が参画し，IPOが可能となった場合には他の上場企業と同様の状況となる。したがって，［5-2-8］式で使用する相関係数も，事業ステージが後期となるにつれ，1に近づいていく。

11　-1から+1までの値をとり，+1または-1に近づくほど強い正または負の相関，0に近づくほど弱い相関であることを意味する。相関係数を二乗したものが上記で述べた決定係数（R^2）であり，Rと同様の役割を持つが，0から1の絶対値をとるため，相関が正か負であるかにかかわらず，相関関係の強さを示すことができる。

・株式期待収益率の計算

トータルベータに基づくCAPMは，ベータのみが標準的CAPMとの違いであり，リスクフリーレートや株式リスクプレミアムは同じものを使用する。したがって，上記で説明した標準的CAPMの計算プロセスのうち，ベータのみトータルベータに置き換えて株式期待収益率を計算する。

Case5-2-4 株主資本コスト（トータルベータに基づくCAPM）の計算例（アルファペイ社）

アルファペイ社の場合，[5-2-8]式に基づきトータルベータを求めるにあたり，類似上場企業の相関係数の平均は0.40であった。上記のとおり，当初は分散投資を前提としない状況からスタートするものの，事業ステージが進むにつれポートフォリオ投資を前提とする投資家が参画して上場企業の前提に近づいていくから，相関係数は図表5-2-13のとおり，1年目の0.40から10年目の1.0まで段階的に上昇していく。

一方で，リレバードベータを計算する際の前提となる資本構成も事業ステージが進むにつれて変化し，中長期的には業界の平均的水準に収れんしていくと考えられ

図表5-2-13 トータルベータとCAPMに基づく株式期待収益率の計算（アルファペイ社の事例）

	マーケットベータ	相関係数	トータルベータ	R_f	ERP	R_e
Year 1	1.19	0.40	2.97	1.0%	7.0%	21.8%
Year 2	1.19	0.47	2.54	1.0%	7.0%	18.8%
Year 3	1.19	0.53	2.22	1.0%	7.0%	16.6%
Year 4	1.19	0.60	1.98	1.0%	7.0%	14.8%
Year 5	1.19	0.67	1.78	1.0%	7.0%	13.5%
Year 6	1.21	0.73	1.64	1.0%	7.0%	12.5%
Year 7	1.22	0.80	1.53	1.0%	7.0%	11.7%
Year 8	1.24	0.87	1.43	1.0%	7.0%	11.0%
Year 9	1.26	0.93	1.35	1.0%	7.0%	10.5%
Year10	1.28	1.00	1.28	1.0%	7.0%	10.0%

る。このため，アルファペイ社のリレバードベータを事業計画期間（予測期間）については100％株式を前提とする1.19とし，10年目に類似上場企業の資本構成の中央値を前提とする1.28となるよう，拡張期間において次第に上昇していくと想定する。

　上記のとおり前提を置くと，アルファペイ社の事例における将来10年間の各年度のトータルベータは**図表 5 - 2 -13**のように計算できる。例えば，3年目のトータルベータは2.22（＝1.19÷0.53）となる。CAPMに基づく株式期待収益率（R_e）は，リスクフリーレートが1.0％，株式リスクプレミアム（ERP）が7％であるから，同様に3年目の例では16.6％（＝1.0％＋2.22×7.0％）となる。

④　株主資本コスト：追加的リスクプレミアムを考慮したCAPM

　CAPMはリスクとリターンとの関係を表す，最も一般的で広く受け入れられているモデルであるが，多くの批判もある。例えば，現実の株式リターンは長期的にはベータとの関連がみられるが，1960年代半ば以降においてはベータ以外のファクターがリターンをよりよく説明しているようであり，特に小型株や簿価/時価比率の高い株式はCAPMでは捉えきれないリスクを有している[12]。これらの批判を受け，CAPMに代替する様々なモデルが提唱されたが，代替的モデルの1つとして実務でよく利用されるものとして，標準的CAPMのモデルに，サイズプレミアム（SP：Size Premium）や個別企業リスクプレミアム（CSRP：Company Specific Risk Premium）を加算するアプローチがある。この場合のモデルは以下のように記述できる。

$$R_e = R_f + \beta \mid E(R_m) - R_f \mid + SP + CSRP \qquad [5-2-9]$$

R_e　　　　：株主資本コスト

R_f　　　　：リスクフリーレート

β　　　　：リスク感応度

$E(R_m)$：市場ポートフォリオの収益率

12　前掲注8，230～235頁。

> SP　　：サイズプレミアム
> CSRP　：個別企業リスクプレミアム

・サイズプレミアム

　一般的には，小規模企業のほうが，景気動向に影響を受けやすい，財務内容が安定的でないなどの理由によって，大企業よりもリスクが高いと考えられている。株式の発行規模も小さく，市場における取引も大企業ほどは活発ではないから，流動性が小さく，取引コストが大きい，価格変動リスクが高いという面もある。サイズプレミアムとは，このような小型株に投資する株主は，企業規模が小さいことに起因するリスクに見合うだけのプレミアムを要求するはずである，という考え方に基づくものである[13]。

　サイズプレミアムの計測方法としては，全銘柄を時価総額のサイズにより数区分に分類し，小型株のリターンから大型株のリターンを差し引くことで求める。米国株については，シカゴ大学付属のCenter for Research in Security Prices（CRSP）がニューヨーク証券取引所の全銘柄を10区分に分類して分析した結果を公表している[14]ほか，イボットソンのSBBI Valuation Yearbookも同様のデータに基づきサイズプレミアムを公表している。日本については，過去長期間にわたる時価総額別のリターンのデータを継続的に入手できる状況にはないが，2016年より，イボットソンがサイズプレミアムについてのレポート（Japan Size Premia Report）を発表している[15]。

　ただし，サイズプレミアムについては批判もある。小型株はいつまでも小型

13　サイズプレミアムについては豊富な実証研究が蓄積されているが，代表的なものとして，ファーマとフレンチによる3ファクターモデルについての研究がある。同研究において，期待収益率がCAPMが前提とするような市場ファクターだけでは説明できず，その他の代表的なファクターとして，小型株と大型株の収益率の差に着目した規模ファクターと，簿価・時価比率の高低による収益率の差に着目した簿価・時価比率を取り入れることが提唱された。E. F. Fama and K. R. French, "Size and Book-to-Market Factors in Earnings and Returns", Journal of Finance 50 (1955), pp.131-155.

14　https://www.crsp.org/products/research-products/crsp-cap-based-portfolio-index

15　時価総額別に10区分および3区分（Mid-Cap, Low-Cap, Micro-Cap）の推計値を公表している。

ではなく，そのうちの一部は成長して大型化する。小型株のリターンが高いのは一部の銘柄が大きく成長するためであるが，それら銘柄は一定期間の成長の後もはや小型株ではないのであり，取り残された小型株が長期間にわたって高成長を続けるとは限らないという問題意識である[16]。鈴木一功教授の研究[17]によれば，わが国市場についても，小型株の区分に留まるグループと上位区分に移動するグループの間でリターンに大きな非対称性が存在し，そのことが小規模ポートフォリオの平均収益率の底上げにつながっている。また，上位分位に移動したグループについて，以降 5 年間の平均収益率を見ると，1 年間のリターンと比べて大幅に縮小することが明らかとなっている。

　このような問題点があるとすれば，イボットソンなどのデータに基づくサイズプレミアムを適用することは，過大な株主資本コストを適用して，企業価値を過小に評価することにつながる。本来短期間においてのみ有効であるはずのサイズプレミアムを長期のキャッシュフローを割り引く際の割引率に反映させることで，本来よりもキャッシュフローの現在価値が小さく計算されてしまうからである。したがって，スタートアップ企業の評価を行う場合においても，サイズプレミアムは当初の一定期間にのみ適用し，中長期の株主資本コストの計算には適用しないことが合理的である。

・個別企業リスクプレミアム

　個別企業リスクプレミアム（CSRP）とは，対象企業が創業間もない企業であるか，あるいは長期にわたり安定的な収益を持続してきた企業であるか，合理的な事業計画があるか，資金調達が容易であるかなど，企業の将来キャッシュフローの安定性に対して影響を与える企業固有の様々な側面のリスクを意味している。個別企業リスクプレミアムについて様々な考え方があるが，代表的なアプローチとしては，**図表 5-2-14**のように，①財務リスク，②事業の

16　E. F. Fama and K. R. French, "Migration", Financial Analyst Journal, 63(3), 48-58.

17　鈴木一功「M&Aの企業価値評価に用いられるサイズ・プレミアムの推定手法とmigrationに関する考察」早稲田大学ビジネス・ファイナンス研究センターワーキングペーパーシリーズ（2019年4月）。

分散度合い，③事業の特徴という３つの観点から評価される[18]。

<table>
<tr><td colspan="2" align="center">図表5-2-14　個別リスクプレミアムの評価ポイント</td></tr>
</table>

項目	概要
①　財務リスク	負債に係るリスクだけでなく，資金調達全般についてのリスクを意味する。 ①　有利子負債のレバレッジ水準およびカバレッジレシオ ②　負債資本比率など全体的なレバレッジレシオ ③　Current/quick ratioなど流動性の水準 ④　収益のボラティリティ ⑤　在庫/売掛回転率などのturnover ratio
②　事業の分散度合い	一般的に，製品，顧客ベース，地域的市場などが分散しているほど，リスクは低い。
③　その他の事業の特徴	特定の従業員に依存していないか（key man issue），経営層の厚みや能力など，様々な要因を分析する必要がある。

　個別企業リスクプレミアムの最大の問題点は，客観的な手法により合理的な数値を求めることが困難なことである。個別であるがために，株式市場のデータに基づき推測することはできないし，一般的な基準を提示するような文献も存在しない。このため，プレミアムの数値は評価者の主観に頼らざるを得ない。米国の評価実務においては，個別企業リスクプレミアムを考慮する際に少しでも客観性を高めるため，**図表5-2-14**のような検討項目を基礎として，詳細な質問リストにより情報を整理する，あるいはスコアシートやマトリックスを作成することなどによって定量化を試みている[19]。確かにこれらの手法により客観性は高まるとはいえ，DCF法における他のインプットと比べると，依然，評価者の主観に依存する部分は大きいといえる。

　さらに，理論的観点からもいくつかの批判がある。代表的なものは，個別企

18　National Association of Certified Valuators and Analysts, "Fundamentals, Techniques & Theory", Chapter Five Capitalization/Discount Rates, http://edu.nacva.com/preread/2012BVTC/2012v1_FTT_Chapter_Five.pdf

19　Ted Islael, "The Generous Helping of Company-Specific Risk That May Already Be Included in Your Size Premium", Business Valuation Update, Vol 17, No. 6, June 2011, 2-3.

業リスクプレミアムはサイズプレミアムと重なる部分があり，サイズプレミア
ムと個別企業リスクプレミアムの双方を加えることで，リスクプレミアムをダ
ブルカウントしてしまうというものである[20]。例えば，**図表5-2-14**のよう
な項目を基準として検討するとしても，高いレバレッジや収益のボラティリ
ティ，特定の事業への集中，特定の従業員への依存など，CSRPの根拠となる
要因の多くは小規模企業に特徴的なものである。したがって，CSRPを構成す
る主な要因が小規模企業であることである場合には，サイズプレミアムとの間
で一定の調整が必要な場合がある。

Case5-2-5　株主資本コスト（追加的リスクプレミアムを考慮したCAPM）の計算例（アルファペイ社）

　アルファペイ社の事例においてはまず，イボットソンのレポート等を参考としてサ
イズプレミアム（SP）4％を適用する。図表5-2-15のとおり，当初5年間の事業
計画期間（予測期間）においては一定の4％とし，それに続く5年間の拡張期間にお
いては4％から0％まで段階的に低下していくという前提を置く。
　個別企業リスクプレミアム（CSRP）については，**図表5-2-14**において示されて
いる評価項目のうち主として事業の分散度合い，および特定の人材（起業家）への
依存度などを考慮し，スコアカード方式に従って，9％と評価した。サイズプレミア
ムと同様，当初5年間の事業計画期間（予測期間）においては一定の9％とし，それ
に続く5年間の拡張期間においては9％から0％まで段階的に低下していくと想定
する。
　SPとCSRPについての上記のような前提の下，アルファペイ社の修正CAPMに基づ
く株式期待収益率（Re）は**図表5-2-15**のように計算できる。例えば，6年目の株
式期待収益率は，マーケットベータ，リスクフリーレート（R$_f$）および株式リスクプ
レミアム（ERP）について従来と同じ前提を置くと，19.8％（＝1.0％＋1.21×7.0％
＋3.2％＋7.2％）となる。

20　Ibid.

130

図表 5-2-15　追加的リスクプレミアムを考慮したCAPMに基づく株式期待収益率の計算（アルファペイ社の事例）

	マーケットベータ	R_f	ERP	SP	CSRP	R_e
Year 1	1.19	1.0%	7.0%	4.0%	9.0%	22.3%
Year 2	1.19	1.0%	7.0%	4.0%	9.0%	22.3%
Year 3	1.19	1.0%	7.0%	4.0%	9.0%	22.3%
Year 4	1.19	1.0%	7.0%	4.0%	9.0%	22.3%
Year 5	1.19	1.0%	7.0%	4.0%	9.0%	22.3%
Year 6	1.21	1.0%	7.0%	3.2%	7.2%	19.8%
Year 7	1.22	1.0%	7.0%	2.4%	5.4%	17.4%
Year 8	1.24	1.0%	7.0%	1.6%	3.6%	14.9%
Year 9	1.26	1.0%	7.0%	0.8%	1.8%	12.4%
Year10	1.28	1.0%	7.0%	0.0%	0.0%	10.0%

・その他のプレミアム・ディスカウント

　上記ではサイズプレミアム（SP）と個別企業リスクプレミアム（CSRP）の取扱いについて述べたが，バリュエーションの実務においてはこれらの他にもいくつかの調整項目を検討する場合がある。

　これらのうちマイノリティディスカウントは，比較的多くのケースで適用されている。マイノリティディスカウントとは支配権プレミアムの反対概念であり，市場において取引される少数持分の株主は，企業への支配権を有しないから，支配権の移動を可能とする大量のブロックの株式に比べ，支配権を有しない少数持分の株式の価値は低いものとなるという考え方である。しかし，支配権移動により追加的利益が生じるのは，支配権を得ることによって実際に経営改善等が可能になった場合であり，単に支配権を有しているというだけではプレミアムは限定的である。このため近年，ファイナンス分野では，マイノリティディスカウントが存在するとしても，従来実務で使用されていたほど大幅なものではないという考え方が一般的となりつつある[21]。

　いずれにせよ，スタートアップ企業の評価において，マイノリティディスカ

ウント（あるいは支配権プレミアム）を考慮することは一般的ではない。スタートアップ企業の資金調達ラウンドで投資する投資家の持分は多くの場合マイノリティであるが，プライベートエクイティの場合と異なり，もともと投資家が主体的に経営に関与することを前提としていない。スタートアップ企業であるからこそ，起業家（創業者）に経営を委ねることが尊重されるのであり，その反面で経営者の経営能力等に係るリスクがあるとしても，すでにサイズプレミアム（SP）や個別企業リスクプレミアム（CSRP）において反映されているといえ，さらにマイノリティディスカウントを加えることで過小評価につながる可能性がある。

　非流動性ディスカウントも同様に，バリュエーションの実務において比較的よく用いられる調整項目である。非流動性ディスカウントとは，一般的には非上場企業であり株式の流動性が存在しない，あるいは小さいという要因に基づいて，評価額を割り引くことを意味する。流動性がない，あるいは低い場合，投資家は株式売却により現金化したくとも短期間には困難な場合があるため，その分リスクが高まり，それに対応するプレミアム，すなわち評価額のディスカウントを要求することになる。

　わが国においては，非流動性ディスカウントについての実証的な研究は豊富ではないが，米国においては，上場企業において，役員や従業員向けに市場で売却できない譲渡制限付株式（restricted stock）を発行している例が多くあり，これら譲渡制限付株式の市場外取引の価格と普通株式の市場価格を比較することで非流動性ディスカウントの水準を分析する研究が複数ある。これらによれば，ディスカウントの水準はおおむね30％前後となっている[22]。

　スタートアップ企業は一般的に非上場会社であるから，当然，非流動性に起因するリスクは存在する。しかし，DCF法によりスタートアップ企業の評価

21　Z. C. Mercer and T. W. Harms, "Business Valuation: An Integrated Theory", Third Edition, Wiley 2020, Appendix 7-A.

22　S. P. Pratt and A. V. Niculita, "Valuing a Business: The Analysis and Appraisal of Closely Held Companies", Fifth Edition, McGraw Hill, 2007, pp.419-431.

を行う場合，一定期間後の上場を前提としており，上場までの期間のリスクについては上述のとおり，サイズプレミアムや個別企業プレミアム，および破綻リスクを考慮することによって割引率に反映させている。これらは明示的に非流動性に係るリスクを考慮したものではないが，サイズプレミアムが小規模企業の株式に付随する流動性の低さを一定程度反映しているように，非流動性ディスカウントと共通する部分がある。また，そもそもスタートアップ企業の株式について一定の流通市場を想定するとしても現実的にはその流動性はかなり限られると考えられ，現実的にはディスカウントの対象となる流動性のある状態の価値概念を想定しにくい。したがって，マイノリティディスカウントと同様，非流動性ディスカウントについても，スタートアップ企業のバリュエーションにおいて考慮することは一般的でない。

⑤　**負債コスト**

　スタートアップ企業は多くの場合，負債を持たず100％株式で資金調達を行っているが，上記で述べたように，事業ステージが進むにつれて資本構成が変化し，中長期的には負債比率は業界平均に収れんしていく。したがって，DCF法において適用する割引率を考慮する際，スタートアップ企業についても負債コストは無関係ではない。

　負債コストの計算方法としては，クレジットリスクを反映する市場情報を参照する方法，企業の過去の借入金利（あるいはスプレッド）を参照する方法，財務モデルを活用する方法，などがある。

　・クレジットリスクを反映する市場情報を参照する方法

　企業のクレジットリスクを反映する市場情報としては，社債市場における格付け別のスプレッドが利用可能である。対象企業が格付会社から社債格付け，あるいは発行体格付けを付与されているのであれば，日本証券業協会が公表している「格付マトリクス表」[23]を参照して，発行済社債の気配値に基づく，格付機関ごとの格付けと残存年限に対応する日次ベースの平均スプレッドを参照

することができる。

（図表5‐2‐16）　格付符号と定義（格付投資情報センターによる発行体格付けの例）

記号	定義
AAA	信用力は最も高く，多くの優れた要素がある。
AA	信用力は極めて高く，優れた要素がある。
A	信用力は高く，部分的に優れた要素がある。
BBB	信用力は十分であるが，将来環境が大きく変化する場合，注意すべき要素がある。
BB	信用力は当面問題ないが，将来環境が変化する場合，十分注意すべき要素がある。
B	信用力に問題があり，絶えず注意すべき要素がある。
CCC	信用力に重大な問題があり，金融債務が不履行に陥る懸念が強い。
CC	発行体のすべての金融債務が不履行に陥る懸念が強い。
D	発行体のすべての金融債務が不履行に陥っているとR&Iが判断する格付。

出典：格付投資情報センターホームページ。AA格からCCC格については，上位格に近いものにプラス（＋），下位格に近いものにマイナス（－）の表示をすることがある。

　WACCのインプットとしての負債コストは基本的には長期の負債コストを想定しているから，対象会社の格付けと一致する格付区分のうち，残存年数が長い区分のスプレッドを参照するべきである。しかし，一般的に，長期となるほど，特に低い格付区分において，データの基礎となる社債銘柄数が少なくなる。銘柄数が少ない場合，個別の銘柄特有の要因により，平均スプレッドが歪められている可能性もあるから，そのような場合は，複数の残存年数区分の平均をとるなどの工夫が必要となる。

　市場におけるクレジットスプレッドの指標としては，社債の気配値を参照する方法の他に，クレジット・デフォルト・スワップ（CDS）のデータを利用する方法もある。CDSは，対象となる国や企業（参照組織）の一定の元本の債務を想定し，これに係る信用リスクのプロテクションを取引するもので，プロテクションの買い手は，想定元本額に対する一定の対価を支払い，プロテクショ

23　日本証券業協会ホームページ。

図表5-2-17　格付マトリクスの例（複利利回り％，格付投資情報センターによる格付け，2023年6月1日発表）

残存年数	AAA	AA	A	BBB
1年	0.104	0.141	0.237	0.635
2年	0.197	0.240	0.376	0.903
3年	0.227	0.287	0.463	1.155
4年	0.313	0.386	0.550	1.167
5年	0.431	0.519	0.678	1.522
6年		0.584	0.786	0.996
7年	0.600	0.686	0.883	1.060
8年		0.752	0.984	1.761
9年	0.704	0.840	1.058	1.208
10年		0.909	1.190	
11年		0.970	1.354	
12年		1.060	1.366	
13年	1.002	1.130	1.320	1.850
14年	1.060	1.132	1.344	1.931
15年		1.167	1.443	1.817
16年		1.282	1.504	1.861
17年		1.284	1.505	
18年		1.351	1.602	
19年		1.349	1.551	
20年		1.708	1.818	

出典：日本証券業協会ホームページより筆者作成。

ンの売り手は，参照組織が倒産，あるいはその他の信用事由が発生した場合，買い手から参照組織の債務を元本額で購入するか，参照組織の債務の減価部分を補てんするなどによって，買い手の信用リスクをカバーする。CDSは実際の社債や債務を取引するわけではないから，社債発行企業でなくとも取引の対象となっている場合が多い。また，公社債市場と比べても取引の厚みがあるため，比較的安定的なデータが得られるというメリットがある。CDSのデータはブルームバーグなどのデータベース経由で入手が可能である。

　もちろん，スタートアップ企業のほとんどは格付機関から格付けを取得しているわけではないし，CDSの対象ともなっていない。したがって，スタートアップ企業の現在の負債コストを推定する手法としてはあまり意味を持たないが，将来の負債コストを推定するための手法として利用可能である。すなわち，上記で述べたように，スタートアップ企業の事業ステージが進むにつれて資本構成が変化し，中長期的には負債比率は業界平均に収れんしてゆく。数年後の未来の負債コストは，類似企業の格付けやCDSの情報を基礎として推定することが可能となる。

・企業の過去の借入金利（あるいはスプレッド）を参照する方法

　信用格付けやCDSなど，対象企業のクレジットリスクについての客観的データが得られない場合，対象会社の有利子負債の金利についてのヒストリカルデータを参照することも可能である。この方法のメリットは，上場会社であれば有価証券報告書の社債明細表や借入金等明細表などから，非上場会社であっても同様の社内資料から，比較的簡単にデータを入手し，負債コストを推定することができることである。一方，こうして得られる有利子負債のコストは，過去に発行した社債や借入れの金利であるから，ヒストリカルデータについてつきまとう，過去の実績が必ずしも将来の状況を占う上で有益でないという問題点がある。したがって，上記の手法が利用できるのは，借入れが最近あり，現在の対象会社のクレジットリスクを適切に反映したデータを得ることができる場合や，過去に発行した社債の流通利回りを市場から得られる場合などに限られるといえる。

・財務モデルを活用する方法

　信用格付けやCDSなどに係る市場情報を参照する方法や，企業の借入金利を参照する方法の採用が困難な場合，財務モデルを活用して負債コストを推定する場合がある。財務モデルとは，企業の財務情報を使用してクレジットスプレッドなどの信用リスクについての評価を求めるものであり，金融機関が利用

するクレジット・スコアリング・モデルなどもこれに相当する。

　財務モデルのうち簡易的なものとしては，シンセティック・レーティング（Synthetic Rating）と呼ばれる手法がある。この手法は企業の財務情報のうち，インタレスト・カバレッジ・レシオ（ICR）が債務支払能力を示す代表的指標であるという想定の下，市場における企業のICRと格付け，社債流通利回りのスプレッドの間の関係を示すものである。

$$ICR = \frac{営業利益＋受取利息・配当金等}{支払利息} \qquad [5\text{-}2\text{-}10]$$

　企業の信用力は財務情報以外の情報も含む総合的な判断であるし，債務支払能力に関連する財務指標としてもICR以外に自己資本比率，流動比率など他にも存在することは留意すべきだが，ICRのみがあれば簡易的に分析が可能であるためシンセティック・レーティングの適用範囲は広い。**図表5-2-18**は前出のダモダラン教授が提示する米国市場のデータ[24]であるが，例えば，ICRが1.4の企業の場合，これに対応する格付けはB3/B-であり，社債市場におけるスプレッドは7.37％となることが理解できる。

Case5-2-6　負債コストの計算例（アルファペイ社）

　アルファペイ社の事例に戻ると，同社の類似上場会社6社のクレジットリスクの状況がおおむねBB相当であり，社債市場の流通利回りやCDSのデータに基づく負債コストを2.0％と見積もった。アルファペイ社は上記のとおり，当初5年間の事業計画期間（予測期間）においては100％株式による調達を想定しているため，6年目以降に適用される（**図表5-2-9**参照）。

24　ダモダラン教授ホームページ（https://pages.stern.nyu.edu/~adamodar/New_Home_Page/datafile/ratings.html）。

図表5-2-18	米国市場におけるシンセティック・レーティング[25]	
ICR	格付け	スプレッド
〜0.2	D2/D	20.00%
0.2〜0.65	C2/C	17.50%
0.65〜0.8	Ca2/CC	15.78%
0.8〜1.25	Caa/CCC	11.57%
1.25〜1.5	B3/B-	7.37%
1.5〜1.75	B2/B	5.26%
1.75〜2	B1/B+	4.55%
2〜2.25	Ba2/BB	3.13%
2.25〜2.5	Ba1/BB+	2.42%
2.5〜3	Baa2/BBB	2.00%
3〜4.25	A3/A-	1.62%
4.25〜5.5	A2/A	1.42%
5.5〜6.5	A1/A+	1.23%
6.5〜8.5	Aa2/AA	0.85%
8.5〜	Aaa/AAA	0.69%

ステップ4：FCF現在価値の計算

　以上のプロセスで予測期間と拡張期間のFCFの見積り，およびこれらに適用すべき割引率を求めることができたので，評価時点におけるこれらの現在価値を計算することが可能となる。計算にあたっては，まず，各年度の現価係数（Discount Factor）を計算する。現価係数は以下の計算式で表される数値である。

$$\text{現価係数} = 1 \div （1 ＋ \text{割引率}）^{\text{割引期間}} \qquad [5\text{-}2\text{-}11]$$

　なお，技術的な留意点として，キャッシュフローが発生するのは各年度の期央（暦年であれば6月末）と想定することが多い（これを期央主義という）た

め，初年度の現価係数の割引期間は0.5年となる。２年目以降は一般的な企業のDCF法による評価であれば，割引期間は1.5年，2.5年，3.5年…となり，例えば３年目であれば１÷（１＋割引率）$^{2.5}$が現価係数となるが，スタートアップ企業の場合，上記のように割引率が年度によって異なるので，以下のように，各年度の割引率を累積的に反映させる方法となる。

現価係数＝１÷{（１＋１年目の割引率）$^{0.5}$×（１＋２年目の割引率）×（１＋
３年目の割引率）…}　　　[５-２-12]

次に，上記のように求めた現価係数を各年度のFCFに乗じてそれぞれの評価時点の現在価値を計算する。これらを合計した金額が，予測期間（および拡張予測期間）におけるFCFの現在価値の合計となる。

Case5-2-7　FCF現在価値の計算例（アルファペイ社）

アルファペイ社の事例において，追加的リスクプレミアムを考慮したCAPMに基づく株主資本コストは**図表５-２-15**のとおりであった。これに基づくと，例えば１年目の割引率は22.3%であるから（アルファペイ社は負債を有しないから，株主資本コスト＝WACCである），１年目の現価係数は0.9（＝１÷（１＋22.3%）$^{0.5}$）となる。２年目以降は，割引率が年度によって異なるので，各年度の割引率を累積的に反映させる。例えば，アルファペイ社の６年目の現価係数は以下のとおりとなる。

６年目の現価係数＝１÷{（１＋22.3%）$^{0.5}$×（１＋22.3%）×（１＋22.3%）×（１
＋22.3%）×（１＋22.3%）×（１＋19.8%）}＝0.34　　　[５-２-13]

上記の現価係数を適用してFCFの現在価値を求めると，例えば６年目のFCFの現在価値は**図表５-２-20**①のとおり，26.7百万円（＝79.0百万円×0.34）となる。このように当初10年間（予測期間＋拡張予測期間）の各年度のFCFの現在価値を計算し，合計すると186.3百万円となる。

ステップ5：ターミナルバリュー

① 永久成長率法

　継続企業の前提の下では，当初の事業計画期間（予測期間）やその後に続く拡張期間が終わった後も，事業は継続しキャッシュフローを生み続ける。そのような永久に続く期間（継続期間）のFCFの価値をターミナルバリュー（TV：Terminal Value）と呼ぶ。ターミナルバリューの一般的な算定方法は，予測期間最終年度のFCFが一定の成長率で成長を続けるという仮定に基づく方法（永久成長率法）である。

$$TV = FCF_{TP}/(k-g) \qquad [5\text{-}2\text{-}14]$$

　　　TV　　　：ターミナルバリュー

　　　FCF_{TP}：継続期間のフリーキャッシュフロー

　　　k　　　　：継続期間の割引率（WACC）

　　　g　　　　：永久成長率

・継続期間のフリーキャッシュフロー

　上記［5-2-14］式のうち継続期間のフリーキャッシュフロー（FCF_{TP}）は，簡易的には予測期間（拡張期間が設定されている場合には同期間）の最終年度のFCFを後述する永久成長率 g で成長させた値を使用するが，継続期間においてFCFは安定的に成長していくことが前提とされているため，各年度に特有な項目を調整した平準化されたキャッシュフローを使用することがより合理的である。

　この際，特に注意すべき点は，固定資本に係る投資をどのように見積もるか，という点である。FCFの計算においては固定資本に係る投資に要した現金支出も控除され，FCFの現在価値としての評価額に影響を与えるから，予測期間において設備投資に係る合理的な見積りが求められるが，長期の将来を扱う推定期間における投資額を合理的に見積もることは困難である。

　このため，実務においては，継続期間のFCF計算の際，予測期間最終年度のFCFをベースとしながらも，設備投資については，成長のための新規投資を前提とせず，更新のみに必要な投資額を設定した上で，設備投資額が減価償却費と等しくなるよう設定することが一般的である。後者については，FCF計算のプロセスにおいて，固定資本投資のキャッシュ流出と減価償却費のキャッシュ流入（会計上の利益に対する戻入れ）が相殺され，ネットのインパクトはゼロとなる。このような前提を置かず，予測期間や拡張期間の最終年度の投資額や減価償却費をそのまま用いると，その年度特有の事情に基づく投資の状況（例えば数年に一度の大型設備投資など）や償却の状況から生じるキャッシュフロー上のインパクトが将来永遠にわたり継続するとみなすこととなり，最終的な評価額に不合理な結果をもたらしてしまう。

・継続期間の割引率

　スタートアップ企業の場合，継続期間に適用すべき割引率（WACC）は，すでに述べたとおり，現在のリスクを反映した割引率ではなく，事業ステージが進み，より安定的でリスクの低下した状況を反映した割引率である。

・永久成長率

　永久成長率法に基づきターミナルバリューを求める場合，永久成長率をどのように設定するかによって評価結果が大きく変わりうる。しかし永久成長率とは，一般的には経済全体の成長と足並みを揃えるものである[26]。したがって，恣意的に設定することは困難であり，マクロ経済や市場一般のデータを利用することで客観性，信頼性を担保することが一般的である。

　永久成長率の設定において留意すべきは，インフレ期待を反映させるかどうかにつき，評価プロセス全体の中で一貫性を保つことである。すなわち，DCF評価において，将来のFCF予想がインフレを反映した後の名目的数値で

26　特殊なケースを除く。例えば衰退産業であり，長期的には消滅することが明らかであるような場合，永久成長率をマイナスに設定することはありうる。

あるならば，これを割り引く際に用いる割引率で使用するリスクフリーレートや株式リスクプレミアムもインフレ反映後の名目値を使うべきである。反対に，将来のFCFが評価時点の通貨価値を基礎とする実質的な金額として推定されているのであれば，これを割り引く割引率も実質金利やインフレ調整後の株式リスクプレミアムを使うべきである。

　また，インフレ率に加え，長期的には経済全体の伸び程度の成長を見込むという意味で，GDP成長率（インフレ率を反映した名目成長率）を永久成長率として設定することが一般的である。長期の将来期間について，企業固有の要因による成長の程度を正確に予想することが難しいところ，対象企業が経済一般と同様の成長を遂げるとの前提の下，マクロ経済指標を参照することは客観的，合理的といえる。特定の業界や市場が経済一般とは異なる成長トレンドを辿ることは考えられるが，それらの業界や市場について，長期の需要予想など客観的な資料がなければ，評価者の主観によりマクロ経済指標とは異なる成長率を設定することは困難であろう。換言すれば，GDP成長率を超えた（下回る）永久成長率を設定することは，未来永劫にわたって経済全体をアウトパフォーム（アンダーパフォーム）し続けると予測することだから，仮に現在成長（停滞）トレンドにある企業であっても，相当に説得力のある理由が必要になるといえる。

Case5-2-8　永久成長率法によるターミナルバリューの計算例（アルファペイ社）

　アルファペイ社の事例では，まず，継続期間のFCF計算において，予測期間最終年度（2033年）の損益計算書を使用するものの，運転資本増減額はゼロと設定し，設備投資については減価償却費と等しくなるよう設定する。この結果，継続期間のFCFは129百万円となった（図表5-2-7）。

　永久成長率法によるターミナルバリューの計算に適用する永久成長率については，アルファペイ社の事業が中長期的に主として日本市場を前提としていることから，わが国の長期的な名目GDP成長率見通しなどを参考として1.0％と設定した。また，ア

ルファペイ社の場合，**図表5-2-20**のとおり，当初の事業計画期間（予測期間）や拡張期間においてはサイズプレミアムや個別企業リスクプレミアムが反映されていたが，継続期間においてはこれらの影響がない9.1％が適用すべきWACCとなる。これらを［5-2-9］式に適用するターミナルバリューは1,590百万円（＝129百万円÷（9.1％－1.0％））となる。

　ただし，この段階のターミナルバリューは現在の価値ではなく，予測期間（または拡張期間）最終年度の時点で評価した価値であることには留意する必要がある。上記のターミナルバリューは予測期間最終年度（10年目）の時点に立脚して継続期間のFCFの現在価値を求めたものであるから，評価時点の現在価値としての評価額に反映させるためには，さらに当初の10年間についても割引を行い，現在価値を求める必要がある。アルファペイ社の事例で，永久成長率法に基づくターミナルバリューは1,641百万円であったが，これに対し10年目の現価係数である0.21を乗じた343百万円がターミナルバリューの現在価値となる（**図表5-2-20②**）。

②　エグジットマルチプル法

　永久成長率法に代替する手法として，あるいは永久成長率法の妥当性を確認する目的で，エグジットマルチプル法が用いられる場合がある。一般に，マルチプル法（類似上場上会社法）とは，類似上場会社の利益や純資産の指標に対する株価や企業価値の倍率（マルチプル）を求め，対象会社の指標にその倍率を乗じることで，株式価値を評価する方法である。純利益に対する倍率はPER（Price to Earnings Ratio），純資産に対する倍率はPBR（Price to Book-value Ratio）であり，計算が簡単なため，広く利用されているが，正確性を求められる場合には，EBITDAに対する企業価値の倍率（EV/EBITDAマルチプル）などを利用することが一般的である。また，スタートアップ企業の場合，後述するように，利益がマイナス，あるいは安定していない場合が多いため，利益ではなく売上に対する企業価値の倍率を用いる場合も多い。エグジットマルチプル法とは，ターミナルバリューの計算においてマルチプル法を応用したものであり，類似上場企業のマルチプルに対し継続期間における対象企業の利益等の指標を乗じてターミナルバリューを求める。

　この他，エグジットマルチプル法において留意すべき点として，比較的新しい技術分野や市場に属する業界を扱う場合，対象企業や類似上場企業の安定的な利益水準が測定しにくい場合がある。このような場合には，EBITDAなどの利益指標よりも，企業価値を分子とし売上を分母とする倍率（EV/Salesマルチプル）を採用するほうが適切であることが多い。

　また，対象企業と類似上場企業の事業ステージが整合的かどうかも確認する必要がある。スタートアップ企業の場合，エグジットマルチプルを適用するのは数年後，IPOが完了し安定的な成長過程に入った後のタイミングであり，現在上場している類似上場会社と比較することは不合理ではないが，類似上場会社の一部または相当数が上場しているもののまだ比較的早い事業ステージにあるような場合，類似上場会社の株価は今後の成長を織り込んだ水準となっているため適切でない可能性がある。予測期間あるいは拡張期間において成長を織り込む一方，継続期間においてさらに成長を見込むことを前提とするマルチプルを適用するのであれば，成長のダブルカウントとなってしまうためである。

Case5-2-9　エグジットマルチプル法によるターミナルバリューの計算例（アルファペイ社）

　アルファペイ社の事例において，類似上場企業6社のEV/EBITDAマルチプルは**図表5-2-19**のとおり8.5倍であった。これに対し，アルファペイ社の継続期間におけるEBITDAは204百万円（**図表5-2-7**）であったから，ターミナルバリューはこれらの積として，1,731百万円と求められる。

　永久成長率法の場合と同様，この段階のターミナルバリューは，評価時点の現在価値ではなく，10年目の時点での評価であることには留意する必要がある。上記のとおり，ターミナルバリューは上記の継続期間に先立つ期間（予測期間または拡張期間）の最終年度の時点での現在価値であるから，評価時点の現在価値としての評価額に反映させるためには，さらに割引を行う必要がある。評価時点の現在価値は，上記の1,731百万円に10年目の現価係数0.21を乗じて，362百万円と求められる。

図表5-2-19 EV/EBITDAマルチプルの計算例（アルファペイ社）

	時価総額	有利子負債	企業価値	EBITDA	マルチプル
A社	3,204	0	3,204	337	9.5
B社	13,232	3,251	16,483	2,616	6.3
C社	12,932	2,935	15,867	1,392	11.4
D社	2,993	0	2,993	305	9.8
E社	5,322	1,892	7,214	975	7.4
F社	4,121	0	4,121	634	6.5
平均値					8.5

（アルファペイ社）	
EBITDA	204,105
ターミナルバリュー	1,731,490
現価係数	0.21
ターミナルバリュー（現在価値）	363,612

ステップ6：企業価値の計算

DCF法において，企業価値は予測期間（および拡張期間）のFCFおよびターミナルバリューの現在価値の和として求められる。

Case5-2-10 企業価値の計算例（アルファペイ社）

アルファペイ社の事例では，予測期間および拡張予測期間のFCFの現在価値と，ターミナルバリュー（永久成長法に基づく）の現在価値はそれぞれ186百万円，332百万円であったから，企業価値はそれらの合計518百万円として求められる（**図表5-2-20**）。

図表 5-2-20　企業価値の計算例

アルファベイ社

	実績 2022.12	見込み 2023.12	(予測期間) 2024.12	2025.12	2026.12	2027.12	2028.12	2029.12	2030.12	(拡張期間) 2031.12	2032.12	2033.12	(継続期間) 継続年度
FCF	-15,002	-23,486	-22,118	4,136	30,307	44,368	63,287	78,950	95,746	111,005	122,860	128,073	128,578
WACC			22.3%	22.3%	22.3%	22.3%	22.3%	19.5%	16.7%	14.1%	11.5%	9.1%	9.1%
現価係数			0.90	0.74	0.60	0.49	0.40	0.34	0.29	0.25	0.23	0.21	
FCFの現在価値（各年度）			-19,999	3,058	18,321	21,929	25,575	26,708	27,751	28,205	27,991	26,748	

① FCFの現在価値（合計）　186,286　(a)

永久成長率　1.00%
TV　1,590,292

② TV（現在価値）　332,135　(b)

企業価値　518,421　(c)=(a)+(b)

ネットデット　-42,292
株式価値　560,713
破綻確率　40%
株式価値　336,428

ステップ7：ネットデットの計算

ネットデット（純有利子負債）とは，企業の有利子負債（有利子負債，年金関連負債など）から非事業用資産（遊休不動産，短期保有目的の有価証券，非連結子会社株式，その他資本投資など）を控除したものである。

ネットデットの算定においては，基本的に会計上の数値を使用するものの，非事業用資産（キャッシュライクアイテム）のうち時価評価が可能な項目（遊休不動産や有価証券など）についてはなるべく時価を使用する。有利子負債についても本来は時価が望ましいものの，簿価で代用されることが多い。

現預金については簿価と時価の差異はほとんどないが，運転資本の一部として事業のために常に確保していなければならない現預金は事業用資産として区分される。ネットデットに含めるべき現預金は，そのような事業用資産ではない余裕資金としての性格を有する部分である。比較的成熟した企業であれば，過去の利益が蓄積された結果として，当面事業で使用する予定のない余裕資金としての現金を保有し，したがってバランスシート上の現預金の相当部分がネットデットに含めるべきものである可能性がある。

スタートアップ企業の場合には，そのような利益蓄積の結果としての余剰現預金は限定的と考えられるが，資金調達の後，まだ計画された投資が完了していない段階などにおいて，現預金を保有している場合がある。ここで，将来の投資のための現預金は一見，余剰現預金として取り扱わないほうが適切であるように見えるが，上記ステップ6までの企業価値の計算プロセスにおいては，投資はキャッシュアウトフローとしてのみカウントされており，そのための資金投入（キャッシュインフロー）は，再投資以外は考慮されていないから，運転資金以外の現預金はキャッシュライクアイテムに含める。

スタートアップ企業については，キャッシュバーン（cash burn）の状況についても留意すべきである。キャッシュバーンとは，スタートアップ企業の事業運営に伴う現金減少を意味するが，成長企業であるほどバランスシート上の現預金の減少スピードが速い。ネットデットの算定において基礎となる現預金

の数値として直近の決算等を参照する場合，評価時点との間の期間において現預金の水準が大きく減少している可能性がある。このため，少なくとも評価時点の前月末の勘定科目残高試算表で確認する，あるいは過去のキャッシュバーンの状況を基礎として現時点の現預金水準を推定するなどの対応が必要となる。

ステップ8：株式価値の計算

　企業価値からネットデットを控除して株式価値を求める。バランスシートの観点から企業価値とネットデット，株式価値の関係を見ると図表5-2-21のとおりである。

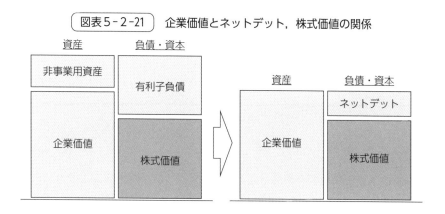

図表5-2-21　企業価値とネットデット，株式価値の関係

　スタートアップ企業のケースでは企業価値＝株式価値であることが多いが，たとえ有利子負債がないとしても，上記で見たとおり非事業用資産（キャッシュライクアイテム）が存在することが一般的であり，ネットデットの分析は株式価値の算定において不可欠といえる。

Case5-2-11　ネットデットと株式価値算定の例（アルファペイ社）

　DCF法によるアルファペイ社の評価において，ネットデットを算定する。アルファ

　ペイ社は，当面は100％株式で資金調達を行う計画であるものの，有利子負債として創業当初に起業家の親族から借り入れた資金（ファミリーローン）が４百万円存在する。また，シリーズＡラウンドでの資金調達の後，計画されたすべての投資が完了していないため，現預金の水準は52百万円であった。ただし，同数値は約１か月前の四半期決算に基づくものであり，評価時点では決算以降の勘定科目残高試算表も入手できなかったため，過去６か月間（新たな資金調達は実施されていない）のEBITDAの平均（－２百万円/月）を控除して，評価時点の現預金水準を50百万円（＝52百万円－２百万円）と推定した。

　さらに，このうち今後の運転資本として必要と考えられる部分が４百万円であったため，余剰現預金は46百万円（＝50百万円－４百万円）と見積もった。したがって，ネットデットは－42百万円（＝－46百万円－４百万円），株式価値は下記のとおり，568百万円となる。

　　株式価値＝企業価値－ネットデット
　　　　　　＝526百万円－（－42百万円）
　　　　　　＝568百万円

ステップ９：破綻リスクの考慮

　一般にDCF法は継続企業を前提としており，上記のステップ８までで計算した株式価値も企業が途中で破綻してしまうことを想定していない。一方でスタートアップ企業のビジネスが破綻し株式の価値がゼロとなるリスクは，成熟した企業と比べ大きく，特に比較的早い事業ステージにある企業についてはこれを適切に反映しない場合には過大評価となってしまう可能性がある。

　このような問題に対処するため，企業が破綻する可能性が無視できないほど大きいと考えられる場合には，そのような破綻シナリオの確率を見積もった上で，破綻せず無事事業が継続されるシナリオ（継続シナリオ）との加重平均として評価を行う。

　とはいえ，このような破綻シナリオの確率を合理的に見積もるのは困難を伴う。最終的には評価者の判断に依存するとはいえ，最終的な評価額に影響を与

える度合が大きいため，できる限り客観的なアプローチが求められる。例えば，事業が継続できなくなるシナリオを具体的にツリー状に記述して，カギとなる分岐点の確率を分析することで破綻シナリオの確率についてより明快な理解が得られる可能性がある。あるいは，確率を検討する際のサポート資料として，スタートアップ企業の生存率についての統計を参考とすることも有効である。**図表5-2-22**は，主要国のスタートアップ企業の起業後5年間の生存率の推移を比較したものである。これによると，欧米主要国（米国，英国，フランス，ドイツ）では起業後5年間で5割以上の企業が事業からの退出を余儀なくされている。一方，中小企業庁による中小企業白書によれば，日本のスタートアップ企業の5年生存率は80.7％である[27]。データの収集方法の違いから上記諸国とは単純な比較が困難で，実際の生存率よりも高めに算出されている可能性があるが，欧米諸国と比べ日本のほうが起業に慎重であり，結果的に起業段階で

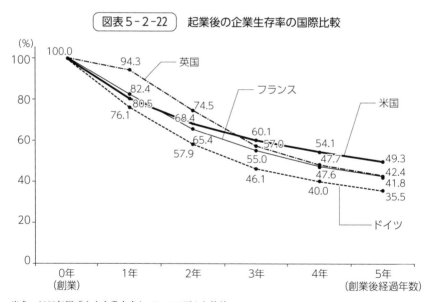

図表5-2-22　起業後の企業生存率の国際比較

出典：2023年版「中小企業白書」，Ⅱ-198頁より抜粋。

27　2023年版「中小企業白書」，Ⅱ-198頁。データベースに収録される企業の特徴やデータベース収録までに一定の時間を要する等から，実際の生存率よりも高めに算出されている可能性がある。

一定程度，スクリーニングが行われるといった文化的な違いが存在するのかもしれない。

　破綻リスクは業界によっても異なる可能性がある。**図表5-2-23**はKnaup and Piazza（2007）[28]による米国のスタートアップ企業の生存率を主要業界ごとに調査した研究であり，1998年に創業した企業が1年後（1999年）〜7年後（2005年）の各年において，どれだけの割合で生存できるかを示したものである。データが古いため必ずしも現状を正確に表しているとはいえないものの，これによると7年間の累計的な生存率は，全体平均31.2％に対し，情報通信業界の比率は24.8％，教育・医療業界の比率は50.1％であるなど，業界ごとに生存率（破綻リスク）に違いがあることがわかる。

図表5-2-23　米国における業界ごとの生存率（1998年創業企業）

	1年目	2年目	3年目	4年目	5年目	6年目	7年目	5年累計	7年累計
全国平均	81.2%	81.0%	82.6%	81.7%	86.3%	89.9%	90.5%	38.3%	31.2%
鉱業・資源	82.3%	84.5%	85.4%	83.4%	87.6%	92.0%	91.8%	43.4%	36.6%
建設	80.7%	81.5%	81.5%	79.5%	86.8%	90.3%	89.8%	37.0%	30.0%
製造業	84.2%	81.6%	83.0%	83.2%	86.2%	90.6%	91.6%	40.9%	33.9%
貿易・交通・電気・ガス等	82.6%	80.9%	81.9%	81.7%	85.5%	89.3%	90.9%	38.2%	31.0%
情報通信	80.8%	77.8%	78.7%	76.2%	82.9%	90.5%	87.6%	31.3%	24.8%
金融	84.1%	82.7%	84.2%	84.1%	89.2%	91.8%	91.5%	43.9%	36.9%
専門的サービス	82.3%	81.2%	82.5%	80.3%	86.1%	90.4%	90.2%	38.1%	31.1%
教育・医療	85.6%	85.1%	87.5%	86.9%	90.5%	92.8%	94.1%	50.1%	43.8%
レジャー	81.2%	80.1%	82.5%	81.6%	87.1%	90.6%	90.9%	38.1%	31.4%
その他サービス	80.7%	80.3%	82.3%	82.3%	84.4%	87.3%	89.0%	37.0%	28.8%

　スタートアップ企業の中でも，ライフサイエンス，とりわけ創薬系の企業の場合，成功確率をシステマティックに分析することが可能な場合がある。例えば，Nature Review Drug Discovery（2010）などの文献は，全世界の製薬大

28　Amy E. Knaup and Merissa C. Piazza, "Business Employment Dynamics data: survival and longevity, Ⅱ", Monthly Labor Review, September 2007, p.7.

手の創薬研究のデータに基づき，標準的な創薬や治験プロセスの各フェーズにおける成功確率，つまりあるフェーズから次のフェーズに進むことのできる確率を明らかにしている。例えば，創薬段階の第一段階であるTarget-to-hit（創薬ターゲットからヒット化合物を創出するフェーズ）が成功する確率は80％であり，次のHit-to-lead（ヒット化合物から有望なリード化合物を同定するフェーズ）が成功する確率は75％である。スタート時点の化合物件数を100件とすれば，上記の2段階をパスするのはそのうちの60件（＝100×80％×75％）となる。このようにして，治験フェーズを含む各フェーズの確率を累積的に掛け合わせていくと，最終的には4件のみが上市可能となる。

　このようなデータを利用して，例えば，治験段階のフェーズⅡをパスした候補薬の開発のみを行う企業が破綻する確率は，個別の事情を捨象すれば63％（＝70％×91％）となる。

図表5 - 2 -24　創薬・開発フェーズごとの成功確率（折れ線，右軸）と当初100件とした場合の成功件数（棒線，左軸）

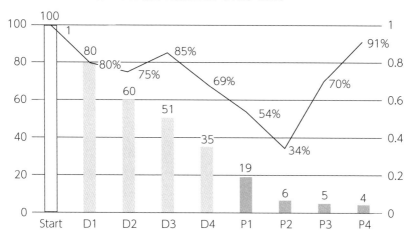

創薬段階：D1：Target -to-hit，D2：Hit-to-lead，D3：Lead optimization，D4：Preclinical
治験段階：P1：PhaseⅠ，P2：PhaseⅡ，P3：PhaseⅢ，P4：Submission to launch
出典：NATURE REVIEWS Drug Discovery, March 2010 Volume 9, page 206より筆者作成。

Case5-2-12 破綻リスクを考慮した株式価値算定の例（アルファペイ社）

　アルファペイ社の場合，事業計画の信頼性は比較的高いと考えられるものの，同社に先駆けて競合企業が代替的技術を開発してしまうなどの理由によって事業継続が危うくなるリスクは無視できない。その他アルファペイ社の事業が継続できなくなる要因をリストアップし，総合的な破綻リスクを検討した結果，その確率を40％と見積もった。したがって，破綻リスク考慮後のアルファペイ社の株式価値は以下のとおり，341百万円となる。

　破綻リスク考慮後の株式価値

　　＝破綻リスク考慮前の株式価値×（１－破綻確率）

　　＝568百万円×（１－40％）

　　＝341百万円

ステップ10：キャリブレーション

　ステップ９までのプロセスで，DCF法に基づくバリュエーションは基本的に完了するが，評価結果の信頼性を確認するため，キャリブレーションを実施する場合がある。キャリブレーション（Calibration）とは，市場で観察できないインプット[29]を使用してバリュエーションを行った場合，評価時点を移動させ，同じプロセスに基づき計算した結果と，その時点で市場において観察可能なインプットに基づく結果とを比較することで，評価手法の合理性を検証することである。

　スタートアップ企業を対象としてDCF法に基づく評価を行う場合，観察可能なインプットだけでなく，例えば割引率の計算における企業固有リスクプレミアムの追加や破綻リスクの考慮など，評価者の判断に基づく観察不能なインプットを使用する。もしDCF法による評価に先立って資金調達ラウンドがあり，その際に当事者間で合意された取引価格が公正価値と考えられる場合，評

29　IFRS第13号「公正価値測定」における公正価値ヒエラルキー（レベル１，レベル２またはレベル３）のうちレベル３区分のインプット。

価時点を上記の資金調達ラウンドの時点に移動させてDCF法に基づく評価を試みる。その結果と実際の資金調達ラウンドにおける実際の取引価格が大きく乖離しているのであれば，DCF法のプロセスにおいて使用したインプット，とりわけ企業固有リスクプレミアムや破綻リスクについてのインプットの合理性が疑われるのであり，評価者はこれらの見直しを求められる可能性がある。あるいは，その資金調達ラウンドにおける内部収益率（IRR）とDCF法で使用した割引率（WACC）を比較することでも同様の検証が可能である[30]。

　もちろん，比較可能な資金調達ラウンドにおける取引価格が見出せないような場合には，第4章で紹介したマーケットアプローチによる結果とDCF法による結果を比較して，それぞれの合理性を検証するということも可能である。このように複数の評価手法の結果が一定の合理性を有する場合，それぞれのアプローチを比較分析することにより，評価結果の信頼性を高めることは，スタートアップ企業の評価に限らずバリュエーションの実務一般で広く行われている。

30　AICPAガイドライン，10.22.

第 *6* 章

ネットアセットアプローチ

第1節　ネットアセットアプローチの概要

　ネットアセットアプローチは，企業の純資産を基準に株価を評価する方法である。ネットアセットアプローチの主な手法として，会計上の純資産額に基づいて1株当たり純資産の額を計算する簿価純資産法，バランスシート上の資産と負債（ただし通常は，土地や有価証券等の主要資産の含み損益のみ）を時価で再評価して純資産を計算する時価純資産法，個別資産の再調達時価を用いて1株当たり純資産の額を算出する再調達時価純資産法などがある。これらネットアセットアプローチの手法は，企業が保有する資産につき，客観的に観察可能な簿価や時価に基づき評価することで，主観的評価によらない，客観的な企業価値を求めることができるというメリットを有している。

　しかし，企業は有形資産だけではなく様々な無形資産を有しており，これらを有効活用することでキャッシュフローを獲得し，企業価値を形成している。主として有形固定資産の簿価または時価を基礎として評価を行う一般的なネットアセットアプローチの手法では，バランスシートに記載されないこれらの無形資産の価値を適切に取り込むことができない。

　また，ネットアセットアプローチは，やはりバランスシートに表れない将来の成長によって創出される企業価値をうまく評価に反映させることができない。このため不動産管理会社のように，保有する資産の時価が将来のキャッシュフローの現在価値と近似するものとして考えられる場合を除き，一般的に継続企業としての価値を評価させる手法として，ネットアセットアプローチは適切とはいえない。

　このように，ネットアセットアプローチが無形資産の価値や将来の成長期待を反映させることができないということは，スタートアップ企業のバリュエーション手法としては，深刻なデメリットといえる。スタートアップ企業の企業価値とは結局のところ，不確実であるものの高い成長期待に基づくものであり，それを生み出すものが設備などの有形固定資産や金融資産ではなく，研究開発

の結果獲得した様々な技術やノウハウ，起業家を含む中核的役職員の人的資本など，無形資産に基づくものである。したがって，通常，会計上の純資産は，スタートアップ企業の企業価値（株式価値）を表すものとしてほとんど意味を持たない。

とはいえ，以下のようなケースについては，スタートアップ企業についてもネットアセットアプローチが一定の役割を果たす可能性があると考えられる。

① シードまたはアーリーステージで，一定の資産を有しているものの，未だ資金調達ラウンドにおけるプライシングの経験がなく，インカムアプローチやマーケットアプローチの適用も困難な場合

② インカムアプローチやマーケットアプローチの合理性をチェックする目的で使用する場合（あるいはインカムアプローチやマーケットアプローチの結果につき，当事者間の意見の隔たりが大きい場合）

③ 無形資産が企業価値の重要部分を構成している場合で，かつ一定程度，無形資産の合理的な評価が可能な場合

上記で述べたネットアセットアプローチのメリットとデメリットを考えると，後述するような無形資産の合理的な価値評価が可能でない限り，ネットアセットアプローチの結果はスタートアップ企業の価値を十分に反映したものではないものの，客観的かつ保守的な価値の水準について一定の情報を提供できる可能性があるといえる。

第2節　無形資産の評価

（1）　会計上の評価

上記のとおり，会計上のバランスシートに表れない無形資産が重要な意味を持つスタートアップ企業について，ネットアセットアプローチが一定の意味を持つとすれば，それら無形資産について価値評価が可能かどうか検討する必要がある。スタートアップ企業において特徴的な無形資産としては，以下のよう

な項目が例示できる。

- 特許・ノウハウ
- コンピュータソフト
- 著作権
- 事業免許・輸入割当・独占販売権
- 顧客名簿・顧客ロイヤルティ
- ブランド
- 人的資本

これらのうちの一部については，会計上の資産として認識が可能である。す
なわち，国際会計基準（IAS）第38号「無形資産」によれば，無形資産とは
「物質的実体のない識別可能な非貨幣性資産」であり，企業が将来の経済的便
益を支配できること（支配の要件），および，企業から分離・分割が可能で，
売却，譲渡などが可能，あるいは契約その他の法的な権利に起因するものであ
ること（識別可能性の要件）を満たす場合，会計上の無形資産の定義を満たす
とされる。このような定義を満たし，さらに，「資産に起因する，期待される
将来の経済的便益が企業に流入する可能性が高く」（経済的便益をもたらす蓋
然性），かつ，「資産の取得原価は信頼性をもって測定することができる」（取
得原価の測定可能性）場合に，無形資産としての認識が可能になるとしている。

　このような判断プロセスに基づくと，まず個別に取得した資産については，
通常，取得に要した支払金額を取得原価として資産計上される。そして，他の
資産と同様，適切な耐用年数に基づき減価償却を行う。

　次に，企業結合により受け入れた無形資産については，識別可能なものはの
れんから分離して無形資産として計上することとされている。この点につき，
わが国の会計基準では，「法律上の権利など分離して譲渡可能な無形資産」が
含まれる場合には，識別可能な無形資産として取り扱うこととしている[1]。こ
こで「法律上の権利」とは，知的財産権等の権利であり，具体的にはソフト

1　企業会計基準第21号「企業結合に関する会計基準」第29項。

ウェア，顧客リスト，特許で保護されていない技術，データベース，研究開発活動の途中段階の成果等が含まれるが，「分離して譲渡」とは，譲渡する意思が取得企業にあるか否かにかかわらず，企業または事業と独立して売買可能なもの，かつ独立した価格を合理的に算定可能なものである[2]。

　最後に，内部創出無形資産，すなわち企業が自ら形成した無形資産の扱いについて検討すると，多くの場合，期待する将来の経済的便益を創出する識別可能資産が存在するかどうかの判断が困難であり，資産の取得原価についても信頼性をもって決定することができない場合がある。内部創出無形資産の代表例としては研究開発資産があるが，IAS第38号においては，企業が無形資産を完成させ，それを使用または売却することについての①技術的な実行可能性，②企業の意図，③能力，④将来の経済的便益を創出する方法，⑤技術，財務，その他の資源の利用可能性，⑥支出費用の測定可能性という各項目について立証可能な場合のみ，資産計上が可能となる。これらの要件の立証は，現実的には非常に困難であるが，わが国における「研究開発費等に係る会計基準」[3]においては，研究開発のために費消されたすべての原価を含み，すべて発生時に費用として処理しなければならないとしている。

　ただし，内部創出無形資産のうち，ソフトウェアの扱いは例外的である。「研究開発費及びソフトウェアの会計処理に関する実務指針」（日本公認会計士協会会計制度委員会報告第12号）によれば，ソフトウェアのうち，自社利用のソフトウェアについては，そのソフトウェアの利用により将来の収益獲得または費用削減が確実であることが認められる場合，無形固定資産に計上する。また，減価償却方法としては，その利用の実態に応じて最も合理的と考えられる減価償却の方法を採用すべきであるが，一般的には定額法が一般的であるとし，減価償却の期間（耐用年数）は，原則として5年以内の年数とし，5年を超える年数とするときには，合理的な根拠に基づくことが必要としている。

2　企業会計基準適用指針第10号「企業結合会計基準及び事業分離等会計基準に関する適用指針」第59項。

3　企業会計審議会「研究開発費等に係る会計基準」最終改正（ASBJ）2008年12月26日。

（2） 経済的評価

　上記のとおり，一定の条件の下，会計上の無形資産評価は可能であるが，スタートアップ企業にとっては，外部からの無形資産買入れ，またはM&Aに伴う無形資産の取得は一般的でない。したがって，一般的な会計基準に基づき資産計上が可能な無形資産としては，内部創出無形資産のうち，ソフトウェアなどごく一部の資産に限られる。また，資産計上が可能な場合でも，減価償却方法として原則5年以内の定額償却とするなど，会計基準に則った評価方法を採用する必要がある。

　しかし，バリュエーションのプロセスにおいては，会計基準にとらわれず，合理性を優先してより柔軟な評価方法の採用が可能である。一般に，無形資産の評価方法としては，企業価値評価と同様，インカムアプローチ，マーケットアプローチ，コストアプローチがある。

① インカムアプローチ

　インカムアプローチは，企業が無形資産から得られる将来の収益，あるいは無形資産を保有することに起因して生じる超過収益を推定し，それらの現在価値を計算するものである。このため，超過収益の推定に関連して，事業からの収益のうちどの程度が無形資産を保有しなくても実現可能な通常の収益か，対象とする無形資産以外のその他の無形資産等の超過的利益に対する貢献度合いはどの程度か，などがポイントとなる。スタートアップ企業のバリュエーションにおいても採用可能であるものの，インカムアプローチによって無形資産を評価するプロセスは，将来のキャッシュフローを見積もるという点において，結局のところ，インカムアプローチによって企業価値を評価するプロセスに包含されている。したがって，無形資産を切り分けて評価することが求められる場合を除き，実用面でのメリットが限られると考えられる。

②　マーケットアプローチ

　マーケットアプローチは，無形資産について観察可能な市場での取引価格が入手できる場合，これに基づき評価を行う手法である。例えば，特許権を評価対象とする場合，その特許権と類似する技術分野の他社特許のライセンス契約の情報が入手できるのであれば，企業価値評価における類似取引法と同様の評価が可能である。比較可能な特許としては，(i)特許権者が対象特許と同一または類似する技術を第三者にライセンスしている場合に受け取った実施料や，(ii)その他の比較可能な特許につき第三者間で合意された実施料が検討可能である。この方法を採用する場合のポイントは，比較可能性である。上記(ii)については，対象特許等と比較可能性の高い第三者間契約を入手することは困難な場合が多い。例えば同一または類似の業界に係る特許であっても，対象となる技術範囲や，製品や市場の状況，当事者の競争関係など諸条件により，料率には大きな差が生じうる。この点，上記(i)については，特許権者自身がライセンサーとして同一または類似する技術をライセンスして得られる実施料であるので，比較可能性が高い[4]。しかし，スタートアップ企業の場合，外部へのライセンシングをビジネスモデルとする一部企業以外はそのような比較対象取引を見出すことは困難である。したがって，スタートアップ企業の無形資産評価という文脈では，マーケットアプローチの適用範囲は限られたものとなるといえる。

③　コストアプローチ

　コストアプローチは，無形資産を形成するために要した費用を再取得価格とみなし，これを基礎として評価を行うものであり，会計上の資産計上の手法と共通する部分がある。例えば，研究開発に係る無形資産について，会計上は通常，資産計上が認められないが，バリュエーションの目的ではコストをベースとして資産化し，減価やリターンの付加などの調整項目についても評価者が合理的と考える手法を採用することができる。もちろんそれらが合理的かどうか

4　池谷誠『特許権侵害における損害賠償額の適正な評価に向けて』（一般社団法人日本図書館事業協会，2018年），83〜84頁。

のリアリティチェックは必要となるが，会計的手法と比べ，より柔軟な経済実態の反映が可能となる。コストアプローチはインカムアプローチのように無形資産から得られる将来の収益を考慮することができず，マーケットアプローチのように無形資産の市場価値を反映したものでもないが，比較的容易に，客観的なプロセスで無形資産の価値を評価することができる。なお参考として，移転価格税制において一般的に認められている算定手法の1つである残余利益分割法においては，研究開発活動やマーケティング活動に係る費用を基礎として無形資産の価値を評価する考え方が採用されている[5]。

Case6-2-1 無形資産（研究開発資産）の評価例（アルファエナジー社）

　アルファエナジー社（仮称）は，複合金属を活用した水素生成技術を開発中のスタートアップである。創業以来3年間，研究開発を続けてきたが，最近，顧客の品質基準を満たす試験的生産に成功し，商業化のメドが見えてきた。アルファエナジー社は商業化のための製造設備投資のため，新たな資金調達を計画しているが，現時点では事業計画が存在せずDCF法による評価が困難なため，外部の評価機関に対しコストアプローチによる評価を依頼した。

　評価機関のアナリストは，アルファエナジー社が保有する中核的な資産は研究開発関連の無形資産であり，商業化の実現可能性が高いことから経済的価値を有するとして，再調達価格に基づく評価を実施した。アナリストはアルファエナジー社の研究開発活動に係るすべての費用（エンジニアの人件費，試験研究設備，材料費，間接費など）を年度ごとに集計し，利潤相当額を追加した。もし同様の技術情報を取得するために外部に研究開発活動を委託する場合，受託会社は通常，費用の回収だけでなく，その事業のリスクに見合う利潤を上乗せした金額を請求する。このため，再調達価格を見積もる場合においても，費用だけではなく，利潤相当を加える必要がある。図表6-2-1において，例えば2021年度の費用合計は137百万円であったが，評価時点（2023年12月）までの2.5年（キャッシュフローは年央に発生すると

5　わが国の租税特別措置法通達66の4(5)-4は，移転価格税制における残余利益分割法の適用にあたり，重要な無形資産の価値による配分を当該重要な無形資産の開発のために支出した費用等の額により行っている場合には，合理的な配分としてこれを認める旨定めている。

仮定）に係る利潤として91百万円（＝137百万円×[（1+22.5%)$^{2.5}$－1]）を追加する。ここで利潤率22.5%は，第三者の受託研究開発会社の投資収益率（ROIC）のデータに基づいている。

　再調達価格として，研究開発に係る自社発生費用と外部に委託した場合の利潤相当を合計すると，研究開発活動に係る無形資産の価値は**図表6-2-1**のとおり，637百万円となる。他に重要な資産が存在しないのであれば，これがネットアセットアプローチ（コストアプローチ）に基づくアルファエナジー社の企業価値となる。

図表6-2-1　アルファエナジー社の研究開発活動に係る無形資産

（単位：百万円）

	2021	2022	2023	合計
人件費	89	121	153	363
設備・材料費	37	21	18	76
間接費	11	10	12	33
費用合計	137	152	183	472
利潤相当　22.5%	91	54	20	164
合計	228	206	203	637

第7章

オプションプライシング法（OPM）

第1節　企業価値の分配（優先株の評価）

（1）　企業価値（株式価値）分配の概念

　前章までで，インカムアプローチ（DCF法）およびその他の手法による企業価値（株式価値）評価について解説した。エクイティファイナンスの手段として普通株のみに依存している企業の場合，評価プロセスはここで終了する。しかし第1章で述べたように，スタートアップ企業のエクイティファイナンスの特徴は，普通株でなく種類株，とりわけ優先株が広く利用されている。これら優先株は普通株よりもリスクが抑えられ，したがってより高い価値を持つ。優先株を発行するからといって，企業価値が上昇するわけではない。企業価値は資本政策にかかわらず一定であり，株式の種類ごとに価値が異なるのだから，問題は企業価値（株式価値）を，それぞれの資本区分ごとにどのように分配するかである。

図表7-1-1　企業価値配分のイメージ

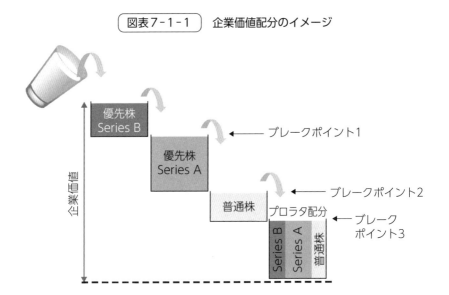

　企業価値配分のイメージを示すと図表7-1-1のようになる。みなし清算時
点の企業価値が増加していく様子をコップから流れ出る水としてイメージする
と，B種優先株，A種優先株，普通株という順番で残余財産の分配が行われる
という前提の下で，水はまずB種優先株の容器を満たし，次にA種優先株の容
器も満たすと，あふれ出た水はさらに普通株の容器を満たすよう流れていく。
これらをすべて満たしてもまだ残余の水がある場合，最後の容器において，そ
れぞれの株式区分にプロラタで（あるいは特定の条件に従って）分配される。

　このような企業価値分配の手法としては，優先株や普通株など優先劣後関係
を有する資産をコールオプションとして考えるオプションプライシング法
（OPM）が利用されることが多い。OPMの分析プロセスについては後ほど解
説する。

（2）　オプションとしての株式価値

　OPMにおいては，優先株や普通株など優先劣後関係を有する資産をコール
オプションとして考える。すなわち，これら優先株や普通株が，企業価値の変
動により決定される一定のペイオフを持ち，そのペイオフに応じて一定の期間
（エグジットまでの期間）の後，一定の利益を得ることのできる権利（義務で
はない）として想定するのである。

　以下では単純化した例として，負債と優先株，普通株のペイオフを図式化し
てみよう。X社が50百万円の負債，60百万円の優先株（LP：60百万円，転換
率：1倍），80百万円の普通株を有しているとする。X社の企業価値が増加す
るにつれ，エグジット時において，負債，優先株，普通株の順番で残余財産が
分配されるから，これら負債や株式の価値と，X社の企業価値との関係をグラ
フ化すると，それぞれ図表7-1-2～7-1-4のようになる（優先株は非参加
型を想定）。

　すなわち，企業価値が50百万円に達するまではすべての資産は負債の返済に
充てられるが，それ以降，110百万円（＝50百万円＋60百万円）に達するまで，
優先株にのみ分配される。さらに，110百万円から190百万円（＝110百万円＋

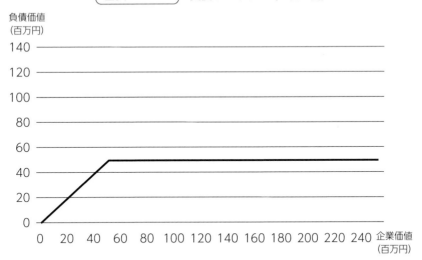

図表7-1-2 　負債のペイオフ（X社の例）

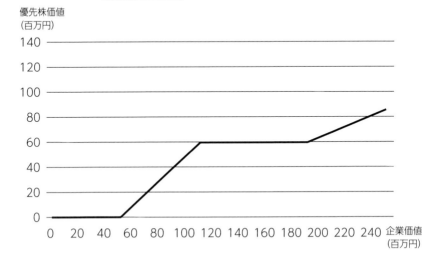

図表7-1-3 　優先株のペイオフ（X社の例）

図表7-1-4　普通株のペイオフ（X社の例）

80百万円）の間は普通株のみが分配を受ける。さらに，190百万円以降は優先株と普通株が投資額比例（プロラタ）で分配を受けることとなる。これらのグラフからは，負債が最もリスクが低いもののアップサイドが限られること，それと比べると優先株と普通株はアップサイドの利益が得られる期待があるところ，優先株のほうが普通株と比べリスクを限定できるというメリットがあることが視覚的に明らかとなる。

（3）　ブラックショールズ式

このように株式をオプションとして考えると，評価方法として，オプション評価モデルが利用可能となる。オプション評価モデルは評価対象により様々なものがあるが，基本的モデルとして，ブラックショールズ式や二項モデルが広く知られている。

このうち，二項モデルとは，株式などの原資産の価格がツリー（樹形）状に枝分かれしていくモデルを基礎としてオプション価格を計算するアプローチであり，計算は複雑となるが，オプションの仕組みを視覚的に理解しやすい。例

えば，**図表7-1-5**のように，1期の単純化したモデルを想定すると，期初の原資産価格S_0は確率pでその1期後uS_0に上昇し，確率（1 - p）でdS_0に低下する。1期後，行使価格S_0で行使可能なコールオプションは，価格が上昇した場合，$uS_0 - S_0$の価値が生じるが，価格が下落した場合の価値は行使しないから0となる。したがって，コールオプションの現在価値Cは，確率を考慮した1期後のオプション価値の期待値（$uS_0 - S_0$）pをリスクフリーレートr_fで割り引いた現在価値（$uS_0 - S_0$）p/（$1 + r_f$）である。期間が長くなると，ツリーの末端が多数となり，計算が複雑となるが，それぞれの末端のコールオプショ

$$\boxed{図表7-1-5}\quad 二項モデルの概念（単純な1期モデル）$$

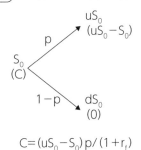

$$C = (uS_0 - S_0)p / (1 + r_f)$$

$$\boxed{図表7-1-6}\quad 二項モデルの概念（2期モデル）$$

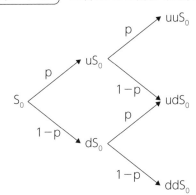

ンの期待値を計算し，現在価値を合計することでオプション価値を求めることができる。

　ブラックショールズ式も上記のようなオプションの構造を前提としているものの，これを1つの公式によって記述したことが画期的であった。後述する公式の理解は高度な数学の知識がないと困難であるが，金融市場におけるデータを使用して簡単に計算ができることから，金融市場におけるデリバティブ（金融派生商品）やストック・オプションなどの価格付けのための実用的なツールとして一般に広く利用されている。ブラックショールズ式は1973年にFischer Sheffey BlackとMyron S. Scholesによって発表され，後にRobert Mertonによって証明が与えられたが，これらの功績が讃えられ，ScholesとMertonの2名は1997年にノーベル経済学賞を授与されている。ブラックショールズ式が評価対象とするのは，主に，オプション契約の開始日から行使日までの期間が一定，すなわち期間の途中での行使ができないヨーロピアンタイプのオプションである。

　これと比較して，二項モデルは計算が複雑となるものの，ツリー構造の中に様々な条件を織り込むことができるので，期間の途中で行使が可能なアメリカンオプションや，行使条件が複雑なエキゾチックオプションなど様々なタイプのオプションの評価が可能となる。モンテカルロシミュレーションは，二項モデルと同様，原資産の価格推移を想定してオプション評価を行うものであるが，二項モデルと異なり乱数に基づき価格推移シナリオをランダムに多数発生させる。そして，それぞれのシナリオにおけるオプション価値の平均として価値評価を行う。

　ブラックショールズ式の公式は以下のとおりである。

$$C = S_0 e^{-qT} N(d_1) - K e^{-rT} N(d_2) \qquad [7\text{-}1\text{-}1]$$

ここで

$$d_1 = \frac{\ln(S_0/K) + (r - q + \sigma^2/2)\,T}{\sigma\sqrt{T}}$$

$$d_2 = d_1 - \sigma\sqrt{T}$$

S_0：原資産価格

σ：ボラティリティ

K：行使価格

T：期間

r：リスクフリーレート

q：配当利回り

　本章においては，優先株や普通株などの資産をオプション，すなわちスタートアップ企業の企業価値を原資産とし，エグジット時における企業価値のレベルに応じて異なる利益を得るオプションとしての権利と考えるため，上記式の計算要素の概要は**図表7-1-7**のようになる。また，それぞれの計算要素とオプション価値（コールオプションの場合）の間の関係を示した。例えば，原資産（正比例）のボラティリティが高くなればなるほど，原資産が行使価格を上回る可能性が高まるから，オプション価値は高くなる。反対に，行使価格が高

図表7-1-7 OPMにおけるブラックショールズ式の計算要素

項目	概要	比例関係
原資産価格（S_0）	原資産としての企業価値。ここでいう株式価値は優先株，普通株などの区別のない広義の株式価値である。	正
ボラティリティ（σ）	原資産（企業価値）のボラティリティ。	正
行使価格（K）	オプションの行使価格であり，本章においては，残余財産優先分配権（LP）の状況により決定される。	負
みなし清算イベントまでの期間（T）	エグジット（清算イベント）までの期間。	正
リスクフリーレート（r）	10年物国債利回りなどを使用する。	負
配当利回り（q）	スタートアップ企業については無配の例が多いので，ゼロと見積もることが一般的。	正

くなるとその可能性が低くなるから，オプション価値との関係は負の比例関係
となる。

（4）　ボラティリティの推定

　上記ブラックショールズ式において使用する計算要素のうち，ボラティリ
ティは結果へのインパクトが大きく重要な項目であるが，合理的な推定には注
意を要する。ボラティリティとは，原資産の価格が変動する度合，あるいはば
らつきを示す概念であり，通常は変動率の標準偏差を指標として用いる。ボラ
ティリティが高いほど，将来の価格が分布するレンジが大きく，よりリスクが
大きな資産であることを示す。例えば，**図表7-1-8**のように，σAというボ
ラティリティを持つ資産Aがあるとすると，同資産の価格は，標準正規分布表
に基づくと約68％の確率[1]で平均（μA）を中心とする$-\sigma$A〜$+\sigma$Aの範囲に分布
している。同様にσBというボラティリティを持つ資産Bを想定すると，やは
り約68％の確率で，平均（μB）を中心とする$-\sigma$B〜$+\sigma$Bの範囲に分布してい
るといえるが，σA＞σBであれば，資産Aの価格は資産Bと比べてばらつきが
大きく，将来の予測に係る不確実性も大きくなる。

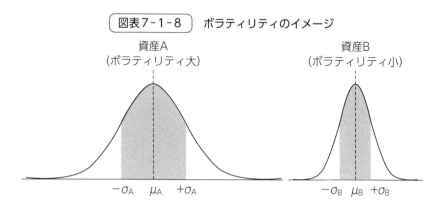

図表7-1-8　ボラティリティのイメージ

資産A
（ボラティリティ大）

資産B
（ボラティリティ小）

$-\sigma_A$　μ_A　$+\sigma_A$　　$-\sigma_B$　μ_B　$+\sigma_B$

1　標準正規分布表に基づく確率推定については，後述するCase 7-4-1を参照。

　オプションプライシング法において適用すべきボラティリティを求める場合，スタートアップ企業については通常，観測可能な市場株価が入手できないから，比較可能な上場企業（類似上場企業）のデータを活用することとなる。具体的には以下のようなプロセスに沿って計算を行う。

ステップ1：類似上場企業の選択

　上記で述べたとおり，類似企業の選択にあたっては，対象企業の属する業界や市場，地域などの類似性の基準に従って分析を行うが，ボラティリティを推定する目的においては，リスク特性をより重視すべきである。すなわち，企業価値（あるいは株式価値）に係るボラティリティは，企業のステージや規模，事業の集中度などのリスク要因によって影響を受けるから，同じ業界に属する企業であったとしても，成熟し相当の規模に成長している，あるいは多角化された安定的な事業基盤が確立されているような企業とは比較が困難である。スタートアップ企業が対象企業となる場合には，もとより上場後の企業とステージが異なるが，より早いステージの企業，あるいは事業基盤が多角化されていないような企業を選択することが合理的といえる。

　もう1つの留意点は，株式市場の流動性に係るものである。リスク特性の観点から，上場後間もない比較的早期ステージの会社，あるいは規模が限定され，事業基盤も多角化されていないといった特徴を有する企業の株式は，成熟し企業規模の大きな企業と比べ，株式の流動性が限られ，市場において形成される株価，およびそのボラティリティのデータの信頼性が十分でない場合もある。このため，市場における取引量が異常に小さくないか，あるいは観察される株価やボラティリティの数値が異常値でないかなどの分析を行い，必要な場合はそのような企業のデータを排除することが求められる。

ステップ2：類似上場企業のボラティリティ算定

　ステップ1で選択した類似上場企業の株価データを使用して，それぞれのヒストリカルボラティリティを計算する。例えば，過去2年間の週次リターンを

計算し，その標準偏差を求める。さらに，年率換算するため週次リターンの標準偏差に52（1年間の週の数）の平方根を乗じる[2]。このように過去の株価データからヒストリカルボラティリティを求める手法が一般的ではあるが，（わが国企業については限定的であるものの）株式を原資産とするコールオプション（有価証券オプション）が上場されている場合には，コールオプションの価格からボラティリティを逆算して（インプライド）ボラティリティを求める方法もある。

ステップ3：資本構成に係る調整（類似上場企業）

　上記のステップ2で求めた類似企業のヒストリカルボラティリティは，あくまで実際の株式市場において観察されるボラティリティであるが，レバレッジの影響を受けている。負債を多く有する企業はレバレッジ効果により，そうでない企業と比べ株式に係るボラティリティが大きくなる。このため，資本構成の違いによる影響を取り除くため，レバレッジをゼロ（つまり負債ゼロ）とした場合のアセットボラティリティ（σ_A）を求める。ヒストリカルデータに基づく株式ボラティリティ（σ_E）からアセットボラティリティ（σ_A）への変換は，以下［7-1-2］式を用いて行う。

$$\sigma_A = \frac{1}{N(d_1)} \times \frac{E_0}{A_0} \times \sigma_E \qquad [7\text{-}1\text{-}2]^{[3]}$$

ここで，

$$d_1 = \frac{\ln(S_0/K) + (r - q + \sigma^2/2)T}{\sigma\sqrt{T}}$$

σ_A：アセットボラティリティ

σ_E：株式ボラティリティ（ヒストリカルボラティリティ）

2　ボラティリティの指標として標準偏差の他，分散が用いられる場合がある。分散は標準偏差の2乗であり，期間の長さに比例する。このため，標準偏差に対しては，期間の長さの平方根を乗じる。

3　Merton, R.C., "On the Pricing of Corporate Debt: The Risk Structure of Interest Rates", The Journal of Finance, 29(2), p.449.

> A_0：評価時点（t_0）における企業価値
>
> E_0：評価時点（t_0）における株式時価総額

とはいえ，実際には選択される類似上場企業は創業間もない企業であり，資本はほとんどが株式で占められていることも多い。このため，類似上場企業において明らかに負債が大きいなどの事情が確認されなければ，上記のような調整を行うことなく，株式に係るボラティリティを企業価値のボラティリティとして扱うことも可能である。

ステップ4：資本構成に係る調整（対象企業）

上記のステップ3において，資本構成に係る調整後の類似上場企業のアセットボラティリティが得られた。このボラティリティはレバレッジがゼロ，つまり負債ゼロの企業を前提としている。評価対象となるスタートアップ企業の多くは無負債であるから，通常は上記のアセットボラティリティをそのまま使用することができるが，もし一定の負債を有する場合，オプションプライシング法において使用するボラティリティは再度，対象会社の資本構成に合うよう調整を行う必要がある。この場合の調整式は，上記［7-1-2］式を展開して以下のとおりとなる。

$$\sigma_E = N(d_1) \times \frac{A_0}{E_0} \times \sigma_A \qquad [7\text{-}1\text{-}3]$$

Case7-1-1 ボラティリティの計算例（アルファペイ社）

前述のアルファペイ社の事例において，A社〜F社まで6社の類似上場会社が得られ（Case5-2-3参照），それぞれにつきヒストリカルボラティリティと，資本構成に係る上記の調整を行った後の調整後のボラティリティが**図表7-1-9**のとおりとなった。これらの平均値である90.0%をオプションプライシング法において使用

するボラティリティとして採用する。

| | 図表7-1-9 | 類似上場会社データに基づくボラティリティの計算（アルファペイ社） |

	A社	B社	C社	D社	E社	F社	平均
調整前	111.0%	117.9%	95.5%	110.3%	84.6%	84.4%	100.6%
調整後	111.0%	117.9%	58.8%	98.3%	84.6%	69.4%	90.0%

（5）　オプションプライシング法（OPM）の評価プロセス

　上記のようなオプションの概念に基づくオプションプライシング法（OPM）による評価プロセスの概要は，以下のとおりである。

ステップ1：モデル構造の設計

　企業価値を分配するための計算モデルを設計するために，種類株式等の条件を検討する。OPMにおいては，種類株の条件のうち，残余財産優先分配権，参加権，転換率が重要な考慮要素となる。すなわち，優先株と普通株だけではなく，A種優先株，B種優先株…など複数の優先株がある場合にはそれらの優先劣後関係（株主間順位），みなし清算時に優先株株主が受け取る優先分配の計算方法（転換率：通常は1倍），優先分配後の残余財産に対する請求権の有無や分配方法（参加権：通常は額面に従いプロラタ配分）といったポイントを確認し，モデルを組み立てる。

ステップ2：ブレークポイントにおける残余財産優先分配権（LP）の計算

　上記図表7-1-1で示したように，企業価値はB種優先株，A種優先株，普通株といった順番で分配されていくが，それぞれの区分の株式への優先分配が終わり，次の区分への分配が始まる節目をブレークポイントと呼ぶ（図表7-1-1においては，水が1つの容器を満たし，次の容器に流れ始めるポイント

である）。OPMにおいては，このブレークポイントをオプション評価における行使価格とみなして評価を行う。OPMの評価モデルにおいては，最初のブレークポイント（ブレークポイント１）における残余財産優先分配権（LP）は，最も順位の高い優先株の額面×転換率，次のブレークポイント（ブレークポイント２）はブレークポイント１に次の順位の株式の額面（優先株の場合は額面×転換率）を加えた金額といった形で計算していく。

ステップ３：ブラックショールズ式へのインプットの設定

OPMにおいては，それぞれの区分の株式をオプションとして計算する際にブラックショールズ式を利用する。ブラックショールズ式へのインプットとして，原資産価格（企業価値），ボラティリティ，リスクフリーレート，配当利回り，エグジットまでの期間を設定する必要がある。これらを準備した上で，ステップ２で計算したそれぞれのブレークポイントにおけるLPをオプションの行使価格として使用することで，それぞれのブレークポイントのオプション価値を計算できる。

ステップ４：オプション価値差分の計算

次に，それぞれのブレークポイント間のオプション価値差分を計算する。上述のとおり，それぞれのブレークポイントにおけるLPはオプション計算においては行使価格の意味を持つ。ブレークポイントが後になるほど高いLPとなるが，行使価格が高くなるほどオプション価値は小さくなるから，ブレークポイント間のオプション価値の差分とは，行使価格の変化に伴うオプション価値の差分といえる。例えば，ブレークポイント１に係るオプション価値差分は，行使価格がゼロから一定の値に増加したことに伴うものであるが，簡単にいえば，ブレークポイント１のLP水準までは原資産価値をすべて取得できるという優先株株主の権利の価値を示すものである[4]。このようなオプションの価値

---

[4] 行使価格ゼロのコールオプションの価値は，原資産の価格がどのような値をとっても同額のペイオフを得るのだから，原資産価値と等しい。一方，一定の行使価格を設定したコールオプションの

の差分は，LPの優先順位に従って企業価値を区分したものといえ，これを原資として優先株や普通株など各資本区分に企業価値が分配されていく。

ステップ5：オプション価値差分の分配

　ステップ4で計算したそれぞれのブレークポイント間のオプション価値差分を，各区分の株式のLPを基準として分配する。最初のブレークポイントまでのオプション価値差分は最も優先度の高い優先株に，次のブレークポイントまでのオプション価値は2番目に優先度の高い優先株（または普通株）に分配されるが，複数の優先株の関係がパリパス（同順位）であれば，オプション価値差分はLPの比率に従ってプロラタ配分される。各区分の株式のLPの水準まで分配した後，残余財産がある場合には通常，すべての株式のLPの比率に従ってプロラタ配分される。

ステップ6：株式の評価

　ステップ5において，オプション価値差分を各区分の株式に分配したが，これらの合計額が各区分の株式価値となる。このようにして計算した株式価値の合計は当然，企業価値に等しくなる。

Case7-1-2) OPMによる評価例①（アルファペイ社）

　前述のアルファペイ社の事例を使って，オプションプライシング法に基づく実際の計算を行ってみよう。主な計算プロセスは以下のとおりである。

ステップ1：モデル構造の設計

　企業価値を分配するための計算モデルを設計するために，種類株式等の条件を確

ペイオフは原資産価格が行使価格よりも低ければゼロとなるから，オプション価値は原資産価値よりは低い。両者の差，つまり原資産価値と一定の行使価格の下でのオプション価値の差は，結局のところ，原資産価格が行使価格となるまでは原資産と等しく，行使価格以上の場合は追加的な利益を得られないというペイオフに係る価値といえる。

認する。本事例においては，優先株と普通株のみが存在し，優先株の転換率は1倍，優先分配後の残余財産についてはプロラタ配分とする。

ステップ2：ブレークポイントにおける残余財産優先分配権（LP）の計算

アルファペイ社の資本は，過去において発行した額面120百万円（＝1株12万円×1,000株）のA種優先株と額面80百万円（＝1株8万円×1,000株）の普通株で構成されている（負債はなし）。エグジット時の企業価値が120百万円に達するまで企業価値は優先株に配分され，その後200百万円（＝120百万円＋80百万円）に達するまでは普通株に配分される。さらにその後は，優先株と普通株の間でプロラタ配分となる。したがって，ブレークポイント1と2におけるLPは，それぞれ120百万円，200百万円となる。ブレークポイント1においてA種優先株はすでに企業価値の分配が完了しているのでその価値は120百万円，一方，普通株についてはまだ分配を受けておらず価値はゼロ，ブレークポイント2においては同様に，それぞれ120百万円，80百万円となり，合計200百万円となる。これらをまとめると以下のとおりとなる。

図表7-1-10 評価例①におけるブレークポイントとLPの状況

ブレークポイント	1	2
残余財産分配		
A種優先株	120	0
普通株	0	80
合計	120	80
（割合）	60%	40%
累積的金額		
A種優先株	120	120
普通株		80
合計	120	200

ステップ3：ブラックショールズ式へのインプットの設定

次に，ブラックショールズ式に入力すべき要素を設定する。上述のとおり，DCF法によって，アルファペイ社の企業価値（株式価値）は，341百万円と計算された

（Case 5 - 2 - 6）。また，上記Case 7 - 1 - 1で計算したとおりボラティリティを90％とし，リスクフリーレートは 1 ％，配当利回りを 0 ％と設定する。みなし清算イベントまでの期間は 5 年とする。これらのインプットをブラックショールズ式（上記［7 - 1 - 1］式）に代入し，図表 7 - 1 -11におけるd (1) およびd (2)，コールオプション価値を計算する。図表 7 - 1 -11のとおり，ブレークポイント 1 , 2 の時点におけるオプション価値は，それぞれ284百万円，263百万円である。

ステップ 4 ：オプション価値差分の計算

　ここでは，ステップ 3 で計算したオプション価値の差分を計算する。オプション価値差分とは，異なる行使価格（LP）の間のオプション価値の変化分である。出発点として行使価格（LP）ゼロの場合のオプション価値を検討すると，上記で述べたとおり，企業価値の時価（341百万円）に等しい。行使価格が120百万円（ブレークポイント 1 ）に上昇すると，オプション価値は284百万円となるが，上記341百万円との差57百万円は，LPがゼロから120百万円に至るまで次第に増加することに伴うオプション価値差分である。同様に，ブレークポイント 2 におけるオプション価値263百万円とブレークポイント 1 に係るオプション価値の284百万円との差額21百万円は，LPが120百万円から200百万円に増加する段階に係るオプション価値の差分である。LPが200百万円以上となるシナリオについてのオプション価値差分は，ブレークポイント 2 におけるオプション価値263百万円と等しくなる。

ステップ 5 ：オプション価値差分の分配

　さらに，各ブレークポイントまでの価値分配を考慮して，オプション価値差分の分配率を設定する。すなわち，A種優先株についてはブレークポイント 1 までは企業価値増加分のすべてが分配されるから優先株100％，その後ブレークポイント 2 までは普通株100％，さらにその後はプロラタ（60％：40％）（図表 7 - 1 -11参照）で分配される。例えば，A種優先株はブレークポイント 1 までに57百万円のオプション価値を分配され，ブレークポイント 1 から 2 までの間はゼロ，それ以降は158百万円が分配される。同様に，普通株については，ブレークポイント 1 までは分配はゼロ，ブレークポイント 2 までの分配額は21百万円であり，その後プロラタで105百万円が分配される。

ステップ6：株式の評価

　ステップ5で求めたオプション価値差分分配の合計が株式価値である。A種優先株の価値は215百万円（＝57百万円＋158百万円），普通株の価値は126百万円（＝21百万円＋105百万円），1株当たり価値はこれらを株式数1,000株で除して，それぞれ215,016円，125,988円となる。

（図表7-1-11）オプションプライシング法に基づく評価例
（アルファペイ社，評価例①）

ブレークポイント	合計	1	2	終期
企業価値	341	341	341	341
行使価格		120	200	
ボラティリティ		90%	90%	
リスクフリー金利		1%	1%	
配当利回り		0%	0%	
エグジットまでの期間		5	5	
d(1)		1.55	1.30	
d(2)		−0.46	−0.72	
コールオプション価値	341	284	263	
追加的オプション価値		57	21	263
（ブレークポイントにおける参加率）				
優先株（Series A）		100%	0%	60%
普通株		0%	100%	40%
合計		100%	100%	100%
（オプション価値増分分配）				
優先株（Series A）	215	57	0	158
普通株	126	0	21	105
合計	341	57	21	263
（1株当たり価値）（円）				
優先株（Series A）	215,016			
普通株	125,988			

　なお，本事例においては簡単化のために計算に含めていないが，スタートアップ企業の多くは役職員に対するストック・オプションを発行しており，これらがすべて

行使された場合，それぞれの区分の株式の評価が変わりうる。このため，ストック・オプションが存在する場合，それらがすべて行使されたと仮定して普通株に含める簡易的な計算を行う（完全希薄化前提の計算），あるいはOPMの計算上，普通株に劣後する扱いとして計算を行う場合がある。

第2節　バックソルブ法

上記Case7-1-1においては，オプションの原資産としての企業価値が最初から与えられていたが，ここでは直近の資金調達ラウンドで合意された優先株の価格をバリュエーションのアンカーとして利用して，企業価値を逆算し，アンカーとなった優先株以外の株式（普通株など）の評価を行う手法を解説する。つまり，直近の資金調達ラウンドで合意された優先株の価格を市場で形成された公正な価格であるとみなし，これを基礎として企業価値や他の種類の株式価値をOPMによって求める手法である。このような手法をバックソルブ・メソッド（Back-solve method）と呼ぶことがある。

Case7-2-1　OPMによる評価例②（バックソルブ法）（アルファペイ社）

オプションプライシング法に基づくCase7-1-1において，アルファペイ社が額面120百万円のA種優先株を発行したと述べたが，本事例においてはその発行直後のタイミングにおいて，DCF法による企業価値評価が存在せず，普通株の評価が求められたとしよう。本事例においては，優先株の価格がアルファペイ社と投資家との間の交渉により合意された公正な価値であると想定し，これを評価モデルのアンカーとして利用する。

ステップ1：計算要素の設定

本事例において，ボラティリティ，リスクフリーレート，配当利回り，エグジットまでの期間など，計算要素の前提はオプションプライシング法に基づくCase7-1-

1と同じ前提を用いるが，企業価値については未知である。このため，Case 7 - 1 - 1で使用したモデルのうち，企業価値（**図表7 - 2 - 1**のセル（1））を変化させる値とし，優先株のオプション価値差分合計（**図表7 - 2 - 1**のセル（2））の目標値が120百万円となるよう，エクセル等のゴールシーク機能を設定する。ゴールシークによって最終的に求められる企業価値（すなわち，オプション価値合計）は184百万円となるが，以下ステップで提示する数値も，これを前提に逆算された数値である場合には ［ ］付きの数値として示す。

ステップ2：ブラックショールズ式の設定

Case 7 - 1 - 1と同様，上記の各要素をインプットとして適用するブラックショールズ式を組み込む。それぞれのブレークポイントのオプション価値は**図表7 - 2 - 1**のセル（3），（4）において計算される。

ステップ3：オプション価値差分の計算

Case 7 - 1 - 1と同様，ステップ2で計算したオプション価値の合計と，ブレークポイント1および2のオプション価値の差分をオプション価値差分として計算する。上記のとおり逆算によって最終的に求められる企業価値（すなわち，オプション価値合計）は［184百万円］であるが，これは行使価格ゼロとした場合のコールオプション価値に等しい。行使価格120百万円とした場合（ブレークポイント1），オプション価値は［139百万円］となるが，上記との差［45百万円］は，LPがゼロから120百万円に至るまで次第に増加していく段階に係るオプション価値である。同様に，ブレークポイント2におけるオプション価値［125百万円］とブレークポイント1に係るオプション価値の［139百万円］との差額［14百万円］は，LPが120百万円から200百万円に増加する段階に係るオプション価値の増分である。LPが200百万円以上となるシナリオについてのオプション価値差分は，ブレークポイント2におけるオプション価値［125百万円］と等しくなる。

ステップ4：オプション価値差分の分配

Case 7 - 1 - 1と同様，A種優先株についてはブレークポイント1までは企業価値増加分のすべてが分配されるから優先株100％，その後ブレークポイント2までは普

通株100%，さらにその後はプロラタ（60%：40%）で分配される。A種優先株は
ブレークポイント１までに［44百万円］のオプション価値を分配され，ブレークポ
イント１から２までの間は［ゼロ］，それ以降は［75百万円］，合計［120百万円］
が分配される。

ステップ5：株式の評価

　上記のプロセスで必要な計算モデルを組むことができたので，A種優先株の価値
120百万円をアンカーとして，ステップ１で設定したゴールシーク機能を実行する。
その結果，現時点の企業価値は184百万円と求められ，これを基礎として株式価値を

図表7-2-1　OPMによる評価例②（バックソルブ法）（アルファペイ社）

ブレークポイント	合計	1	2	終期
企業価値	(1) 184	184	184	184
行使価格		120	200	
ボラティリティ		90%	90%	
リスクフリーレート		1%	1%	
配当利回り		0%	0%	
エグジットまでの期間		5	5	
d (1)		1.24	0.99	
d (2)		−0.77	−1.02	
コールオプション価値	184	(3) 139	(4) 125	
オプション価値差分		45	14	125
（ブレークポイントに至るまでの分配率）				
A種優先株		100%	0%	60%
普通株		0%	100%	40%
合計		100%	100%	100%
（オプション価値差分分配）				
A種優先株	(2) 120	45	0	75
普通株	64	0	14	50
合計	184	45	14	125
（1株当たり価値，円）				
A種優先株	120,000			
普通株	64,000			

計算する。Ａ種優先株の価値120百万円は所与であったから，企業価値184百万から
これを控除した残り64百万円が普通株の価値であり，１株当たり価値はこれを株式
数1,000株で除して64,000円となる。

Case7-2-2　OPMによる評価例③（バックソルブ法）（アルファペイ社）

　次に，アルファペイ社が上記Ａ種優先株発行の１年後，追加的な資金が必要とな
り新たに優先株Series B（１株100万円×100株＝100百万円）を発行したとしよう。
Series Bの発行後，アルファペイ社の資本構成は，Ａ種優先株（120百万円），
Series B（100百万円），および普通株（80百万円）となる。なお，Series BはＡ種
優先株とパリパス（同順位）ではなく，Series BのほうがＡ種優先株よりも高い優先
順位となっている。

　LPの状況は，**図表７-２-２**のとおり，企業価値が100百万円（ブレークポイント
１）に達するまでSeries Bのみに優先株に配分され，その後220百万円（＝100百万
円＋120百万円）（ブレークポイント２）に達するまではＡ種優先株のみに配分され
る。さらにその後企業価値が300百万円（220百万円＋80百万円）（ブレークポイン

図表７-２-２　評価例③におけるブレークポイントとLPの状況

ブレークポイント	1	2	3
残余財産分配			
Ａ種優先株	0	120	0
Ｂ種優先株	100	0	0
普通株			80
合計	100	120	80
（割合）	33%	40%	27%
累積的金額			
Ａ種優先株		120	120
Ｂ種優先株	100	100	100
普通株			80
合計	100	220	300

ト3）に達するまでは普通株のみに配分され，その後はプロラタ配分となる。

　Case7-2-1においてはA種優先株の発行価格をアンカーとして，企業価値を逆算（バックソルブ）し，普通株の価値を求めたが，今回は直近の資金調達ラウンドであるSeries Bの価格が当事者の交渉によって合意された合理的な価格であると想定し，これをアンカーとして利用し逆算により企業価値を求め，さらにA種優先株と普通株の価値を求める。具体的な計算プロセスは，評価例1と同様，以下のとおりとなる。

ステップ1：計算要素の設定

　Case7-2-1と同様，原資産価格（企業価値）は未知であるからゴールシーク機能を用いて逆算する。ブレークポイント1〜3における行使価格はLPの状況から，それぞれ100百万円，220百万円，300百万円となる。その他，ブラックショールズ式に入力する計算要素としては，エグジットまでの期間がCase7-1-1では5年であったが，1年が経過したため4年となり，ボラティリティについても市場環境の変化により90％から95％に上昇したとする。リスクフリーレート1％，配当利回り0％についてはCase7-1-1，7-2-1と同じ数値を使用する。

ステップ2：ブラックショールズ式の設定

　Case7-1-1，7-2-1と同様，上記の各要素をインプットとして適用するブラックショールズ式を組み込む。それぞれのブレークポイントのオプション価値は**図表7-2-3**のセル（3）〜（5）において計算される。

ステップ3：オプション価値差分の計算

　Case7-2-1と同様，上記ステップ2で計算したオプション価値の合計と，ブレークポイント1〜3のオプション価値の差分をオプション価値差分として計算するよう，モデルを設定する。

ステップ4：オプション価値差分の分配

　ステップ3で求めたオプション価値差分の分配率を設定する。Series Bについてはブレークポイント1までは100％配分，その後ブレークポイント2まではA種優先株へ100％配分，その後ブレークポイント3までは普通株に100％配分，さらにその後

はプロラタ（40％：33％：27％）（**図表7-2-3**参照）で分配される。この結果，例えば，Series Bはブレークポイント1までに49百万円のオプション価値差分を分配され，ブレークポイント1から2の間，および2から3までの間はゼロ，それ以降は51百万円，合計100百万円が分配される。

(図表7-2-3) OPMによる評価例③（バックソルブ法）（アルファペイ社）

ブレークポイント	合計	1	2	3	終期
企業価値	(1) 243	243	243	243	243
行使価格		100	220	300	
ボラティリティ		95%	95%	95%	
リスクフリーレート		1.0%	1.0%	1.0%	
配当利回り		0%	0%	0%	
エグジットまでの期間	4	4	4		
d (1)		1.44	1.02	0.86	
d (2)		−0.46	−0.88	−1.04	
コールオプション価値	243	(3) 194	(4) 165	(5) 152	
追加的オプション価値	49	28	13	152	
（ブレークポイントに至るまでの分配）					
A種優先株		0%	100%	0%	40%
B種優先株		100%	0%	0%	33%
普通株		0%	0%	100%	27%
合計		100%	100%	100%	100%
（オプション価値差分分配）					
A種優先株	89	0	28	0	61
B種優先株	(2) 100	49	0	0	51
普通株	54	0	0	13	41
合計	243	49	28	13	152
（1株当たり価値，円）					
A種優先株	89,151				
B種優先株	100,000				
普通株	53,557				

ステップ5：株式の評価

　上記のプロセスで必要な計算モデルを組むことができたので，以下，B種優先株の価値100百万円をアンカーとして，企業価値を逆算する。すなわち，**図表7-2-3**のうちセル（2）を目標値とし，セル（1）を変化させるよう，ゴールシークを行う。この結果，企業価値は243百万円と求められる。

　上記の企業価値を基礎として，株式価値を求める。B種優先株の価値100百万円は所与であったが，A種優先株および普通株については**図表7-2-3**のオプション価値差分分配の状況から，それぞれ89百万円（1株当たり89,151円），54百万円（同，53,557円）となる。

第3節　ストック・オプションの評価

（1）　評価アプローチの概要

　ストック・オプションとは，会社の役職員があらかじめ定められた期間において，あらかじめ定められた価格（行使価格）で自社株を取得できる権利である。ストック・オプションの割当てを受けた役職員は，将来，株価が行使価格以上に上昇した時点でストック・オプションの権利を行使し，その時点で，行使価格と株価との差をキャピタルゲインとして得ることができる。つまり，ストック・オプションは，典型的なコールオプションであるといえる。

　したがって，ストック・オプションの評価アプローチとしては，ブラックショールズ式に代表される「連続時間型モデル」や，二項モデルやモンテカルロシミュレーションなどの「離散時間型モデル」が利用できる。このうち，ブラックショールズ式は，すでに述べたとおり，以下の公式を利用するものである。

$$C = S_0 e^{-qT} N(d_1) - K e^{-rT} N(d_2) \qquad [7-1-1]$$

ここで，

$$d_1 = \frac{\ln(S_0/K) + (r - q + \sigma^2/2)T}{\sigma\sqrt{T}}$$

$$d_2 = d_1 - \sigma\sqrt{T}$$

S_0：原資産価格

σ：ボラティリティ

K：行使価格

T：期間

r：リスクフリーレート

q：配当利回り

オプションプライシングモデル（OPM）においてブラックショールズ式を使用する場合のインプットの概要については**図表7-1-6**で記載したが，ストック・オプション評価の場合に使用する項目と，オプション評価結果（コールオプションを前提）との比例関係は**図表7-3-1**のとおりである。

ブラックショールズ式の前提は，オプションの満期においてオプションが行使されること，すわなち，ヨーロピアンオプションの構造であることであり，満期までの期間のうちいつでも行使が可能なアメリカンオプションの評価には適していない。ストック・オプションについても，通常，一定期間においていつでも行使が可能であり，アメリカンオプションの性格を有しているが，実務においては，後述のように，平均的な行使タイミングを想定することでブラックショールズ式の利用が可能となっている。

一方，二項モデルとは，株式などの原資産の価格がツリー（樹形）状に枝分かれしていくモデルを基礎としてオプション価格を計算するアプローチであり，また，アメリカンオプションを含む様々なタイプのオプションの評価が可能である。モンテカルロシミュレーションは，正規分布に基づくランダムな株価推

図表7-3-1 ストック・オプション評価におけるブラックショールズ式の計算要素

項目	概要	比例関係
原資産価格（S₀）	ストック・オプションが行使されると普通株に転換されるため，原資産は普通株である。	正
ボラティリティ（σ）	原資産（普通株）のボラティリティ。	正
行使価格（K）	ストック・オプションの行使価格であり，無償オプションの場合，株式時価よりも高い価格に設定される。	負
満期までの期間（T）	ストック・オプションが行使されると考えられる平均的な時点までの期間。	正
リスクフリーレート（r_f）	10年物国債利回りなどを使用する。	負
配当利回り（q）	スタートアップ企業については無配の例が多いので，ゼロと見積もることが一般的。	正

移シナリオを多数発生させ，各シナリオの下，一定の条件の下で行使されることを前提としてすべてのシナリオの期待値としてオプション価値を求める手法である。ストック・オプションに関しても，これら離散時間型モデルによって複雑な行使条件を持つストック・オプションの評価が可能となるが，ブラックショールズ式と比べると一般的ではない。

（2）　会計基準における評価原則

　わが国における「ストック・オプション等に関する会計基準」（以下「会計基準」という）[5]においては，ストック・オプションを発行する企業は，会計上の費用認識が求められている。費用計上の金額はストック・オプションの公正価値相当となるので，その評価が必要となる。オプション理論の概要についてはすでに述べたが，「ストック・オプション等に関する会計基準の適用指針」（以下「適用指針」という）[6]において，ストック・オプションに係る評価原則

5　企業会計基準第8号「ストック・オプション等に関する会計基準」最終改正2022年7月1日。
6　企業会計基準適用指針第11号「ストック・オプション等に関する会計基準の適用指針」最終改正2006年5月31日。

が記載されているので，以下ではこれに沿って解説する。

　適用指針ではまず，ストック・オプションの評価技法として，「確立された理論を基礎としており，実務で広く適用されていること」を要件としており（適用指針第5項 (1)），評価モデルとして，二項モデルやモンテカルロシミュレーションなどの「離散時間型モデル」と，ブラックショールズ式に代表される「連続時間型モデル」を記載している。これらモデルを使用して評価する場合に考慮すべき要素として，適用指針は，算定の対象となるストック・オプションの主要な特性をすべて反映していることを求めている（同第5項 (2)）。そして，このようなストック・オプションの特性は，以下のとおり，①株式オプションに共通する特性，②ストック・オプションに共通する特性，③個々のストック・オプションに固有の特性に区分される。

図表7-3-2　ストック・オプションの評価において考慮すべき特性

区分	項目
株式オプションに共通する特性	(1) オプションの行使価格 (2) オプションの満期までの期間 (3) 算定時点における株価（算定時点は付与日または条件変更日） (4) 株価変動性（ボラティリティ） (5) (2) の期間における配当額 (6) 無リスク利子率（割引率）
ストック・オプションに共通する特性	譲渡が禁止（または制限）されていること
個々のストック・オプションに固有の特性	ストック・オプションの失効見込数に関するものなど

出典：適用指針第5項〜第7項をもとに筆者作成。

　これらは基本的なオプション理論に基づいており，「株式オプションに共通する特性」については，いずれもブラックショールズ式による評価の計算要素である。これらのうち，とりわけボラティリティの見積りが重要であることは本章第1節でも述べたが，適用指針はボラティリティの見積りにつき以下のような留意点を指摘している（いずれも実務に即した常識的な内容と考えられ

る）（適用指針第10項参照）。

- 直近期間の株価情報を収集すること
- 一定の観察頻度で，一定の観察時点に規則的に価格を観察すること（日次，週次，月次いずれでもよい）
- 株価情報に明らかな異常情報が含まれている場合，異常情報を含まない直近の期間，あるいは異常情報の含まれる期間を除いた期間を採用すること
- 企業の連続性が絶たれるような変化が生じた場合，そのような変化が生じる前の期間の株価情報が見積りの基礎とならない場合があること

　次に「ストック・オプションに共通する特性」は，ストック・オプションの譲渡が禁止（または制限）されていることに係るものとされているが，具体的にはオプション行使の前提をどう考えるかということである。適用指針（第7項）によれば，連続時間型モデルを用いる場合には，オプションの期間として，満期までの期間ではなく，権利行使されると見込まれる平均的な時期までの期間（予想残存期間）を用いることができるとしている。離散時間型モデルの場合には，満期までの期間全体の株価変動を想定した上で，株価が一定率以上に上昇した時点で権利行使が行われるなど，権利行使等に関する行動傾向を想定するとしている。

　ストック・オプションは，あらかじめ定められた一定の期間であればいつでも行使可能な条件となっているので，ピンポイント（期末）での行使を求められるヨーロピアンではなく，アメリカンオプションとしての性格を持つ。したがって，本来であればヨーロピアンオプションの評価を前提とするブラックショールズ式は利用できないが，権利行使の平均的なタイミングを設定することで，ブラックショールズ式の適用が可能になるといえる。なお，権利行使の平均的なタイミングを合理的に見積もることができない場合，適用指針（第14項）は満期までの中間時点とすることを認めている。

　最後に「個々のストック・オプションに固有の特性」については，後述する業績要件など固有の条件が付されている場合にそれらを反映した評価を求めるものであるが，プレーンなタイプのストック・オプションであっても，失効見

込数（退職などにより失効となると見込まれるストック・オプションの数）について は，過去の傾向などから発行会社ごとの特性を合理的に見積もることが可能な場合がある。

（3）　スタートアップ企業のストック・オプションに係る留意点

　上記のとおり，基本的にはストック・オプションの発行企業はストック・オプションの公正価値を費用として計上することが求められるが，会計基準（第13項）によれば，「未公開企業については，ストック・オプションの公正な評価単価に代え，ストック・オプションの単位当たりの本源的価値の見積りに基づいて会計処理を行うことができる」としている。ここで，「単位当たりの本源的価値」とは，算定時点においてストック・オプションが権利行使されると仮定した場合の単位当たりの価値であり，当該時点におけるストック・オプションの原資産である自社の株式の評価額と行使価格との差額をいう。

ストック・オプションの本源的価値＝自社株式の評価額−行使価格

　ストック・オプションの行使価格は，株式の評価額よりも高く設定することが一般的であり，上述した税制適格要件の中にも，行使価格が株式の時価を上回ることが含まれているから，未公開企業についての上記の特例を適用するとすれば，通常はストック・オプションの本源的価値はマイナスとなる。したがってスタートアップ企業を含む未公開企業の場合，実質的には費用を計上しないことが可能となる。ただし，費用計上しない場合であっても，原資産としての株式価値の評価が必要となることは留意が必要である。上記のとおり，税制適格の要件として行使価格が株式の時価を上回ることが求められるから，行使価格を決定する上で評価時点の株価が必要となるためである。そして，この場合の株式価値とは優先株でなく普通株の価値であるから，優先株を発行済みのスタートアップ企業については，オプションプライシング法（OPM）など株式間の優先劣後関係を反映させるための評価プロセスが必要となる。

　もちろん未公開企業であっても，公正価値の評価単位を基礎として費用計上することは可能であり，税務面のメリット，あるいは役職員とのコミュニケーションの観点からストック・オプションの評価を行うニーズも多いと考えられる。そのような場合，ボラティリティをどう見積もるかがポイントとなる。適用指針（第12項）において，公開後の日が浅い企業におけるボラティリティの算定上の留意点として，以下のように述べている。

（1）少なくとも2年分の株価情報収集期間を確保する。

（2）（1）に該当しない場合，次の方法で不足する情報量を補う。

　　①　類似の株式オプションの市場価格からボラティリティを逆算できる場合はその情報

　　②　①以外の場合，類似企業のボラティリティの見積り（業種，企業の発展段階や規模，各種の財務指標等を考慮して，当該企業と最も類似性の高い企業を選定する）

　適用指針には，スタートアップ企業を含む非公開企業のボラティリティ見積りについて，具体的な手法を記載していないが，市場における株価情報が存在しない以上，上記（2），とりわけ②の方法による推定が現実的な選択肢と考えらえる。類似上場企業の株価情報に基づくボラティリティの算定方法については，本章第1節で解説したとおりである。

Case7-3-1 　ストック・オプションの計算例（アルファペイ社）

　アルファペイ社は，Case7-2-2におけるB種優先株の発行後，新たな中核的人材獲得のための報酬制度として，ストック・オプション（50単位）を導入することを決定した。ストック・オプションの評価にあたっては，B種優先株の発行から間もないため，B種優先株発行時のバリュエーションの際に使用した類似上場企業のデータに基づくボラティリティ（90％），およびこれらに基づき評価した普通株の価値（53,557円）を基礎として使用した。行使価格は，税制適格の要件を満たすため，株式時価よりも1円高い53,558円とした。また，行使可能期間が5年後に計画しているIPOの後4年間であったため，平均的にその中間時点で行使が行われると想定し，

行使タイミングを7年後（＝5年＋2年）に設定した。その他，リスクフリーレート（1％）および配当利回り（0％）は，Case 7-2-2の前提と同様である。

　これらのインプットを使用してブラックショールズ式による計算を実行すると，**図表7-3-3**のとおり，単位当たりのオプション価値は41,468円，50単位の合計は2,073,410円となる。

図表7-3-3 ストック・オプション評価の例（アルファペイ社）

項目	数値
普通株価値	53,557
行使価格	53,558
ボラティリティ	90%
リスクフリー金利	1%
配当利回り	0%
エグジットまでの期間	7
d (1)	1.22
d (2)	−1.16
コールオプション価値	41,468
割当数	50
合計額	2,073,410

第4節　J-KISS型新株予約権の評価

（1）　評価アプローチの概要

　近年，比較的早期のステージのスタートアップ企業の資金調達手法として，新株予約権型資金調達（コンバーティブルエクイティ）の活用が広がっている。コンバーティブルエクイティとは新株予約権の一種であり，スタートアップ企業のバランスシートにおいては負債ではなく資本項目として計上される。日本におけるコンバーティブルエクイティの標準形として，J-KISSが広く利用され

ている。J-KISSの仕組みについては，第1章第2節で述べたとおりであるが，J-KISSはオプションとしての性格を有しており，行使価格を1円とし，転換価額を株式資金調達時（シリーズA）の株価に連動させることで，バリュエーションを一部先送りする機能を持つとされる。

　そもそもバリュエーションを先送りするという役割が期待されていることからすると，J-KISSの時価評価が困難な面があることは自明である。しかし，最近，企業会計基準第30号「時価の算定に関する会計基準」において，「時価を把握することが極めて困難な有価証券」の記載が削除されたことに伴い，上場企業である投資家においてJ-KISS型新株予約権の時価評価が必須となったとされており[7]，市場が拡大するにつれ今後時価評価のニーズが高まる可能性がある。このため以下では，J-KISSの評価方法として現実的に採用可能なものとてどのような手法がありうるか，検討する。

　第1章で述べたとおり，J-KISS型新株予約権は主として次回資金調達（シリーズA）において発行される株式への転換を想定するものであるが，転換に際しては一定金額を転換価額の上限（キャップ）と定めた上で，上限に至るまでは株価に一定のディスカウント率を乗じた金額を転換価額と定めている。また，シリーズAに先立ちM&Aの対象となり発行会社が買収された場合には，M&A参加または投資金額の2倍の払戻し，転換期限（通常18か月）が経過した場合には株式への転換も可能としている。

　上記のような転換条件の下では転換価格修正条項付転換社債（MSCB）と同様，投資家は株価が下落したとしても一定の金額を回収できる。すなわち，交付株式数はJ-KISSの投資金額を転換価額で除したものだから，株価が下がれば下がるほど交付株式数が大きくなり，結局のところ，キャップまでの領域では，投資家のペイオフはほぼ一定の金額（投資金額÷ディスカウント率）となる（図表7-4-1のペイオフBの部分）。とはいえ，株価下落により企業価値が下落し，上記の一定金額を下回る場合には，その金額を回収することは不可能と

7　日本公認会計士協会経営研究調査会研究報告第70号「スタートアップ企業の価値評価実務」2023年3月16日，70頁。

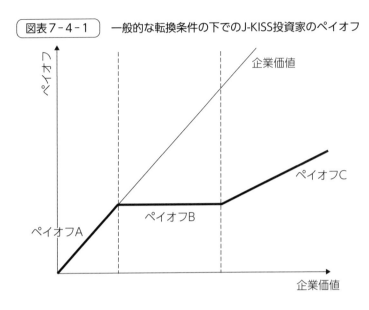

図表7-4-1　一般的な転換条件の下でのJ-KISS投資家のペイオフ

なるから，現実的には企業価値がペイオフの上限となる（同，ペイオフAの部分）。一方，キャップが適用される領域では，投資家のペイオフは株価が上昇するほど上昇し，右肩上がりの直線となる（同，ペイオフCの部分）。

　このようなJ-KISSのペイオフの構造は，優先株のそれ（例えば**図表7-1-3**参照）と類似したものであることが明らかである。そうすると，上記で紹介したオプションプライシング法（OPM）を応用して，J-KISSを評価することができる可能性がある。すなわち，次回資金調達をみなし清算時点として設定し，その時点の企業価値がゼロから次第に増加していく様子をコップから流れ出る水（**図表7-1-1**参照）としてイメージすると，水はまずJ-KISSの最初の容器（投資金額÷ディスカウント率までの領域）を満たすと，あふれ出た水はさらに普通株の容器を満たすよう流れていく（J-KISSには流れない）。これらをすべて満たしてもまだ残余の水がある場合，最後の容器において，普通株とJ-KISSにそれぞれの株数（J-KISSについては交付株式数）に応じた比率で分配される。最初の容器に流れた水の全部と最後の容器に流れた一定部分の合計が

J-KISSの評価額となる。

　もちろん，現時点ではJ-KISSの評価について確立された考え方があるわけではなく，正確な評価のためには二項モデル，またはモンテカルロシミュレーションなどを含む他の手法も検討の余地がある。また，そもそもの問題として，オプション評価のための重要なインプットである原資産価格，すなわち企業価値（または株式価値）はJ-KISSを利用するシードステージの企業については困難であるという問題もある。すでに述べたとおり，J-KISSが利用される頻度の高いシード期のスタートアップ企業は事業のトラックレコードや財務情報が十分でなく，将来のキャッシュフローに係る見積りやリスクの評価も困難であるためである。しかし一定の条件を満たし，上記のようなオプションとしての近似が不合理でないと考えられる場合には，現実的対応として以下のケーススタディのような評価方法が採用可能と考えられる[8]。

Case7-4-1　オプションプライシング法によるJ-KISS評価例（アルファエナジー社）

　アルファエナジー社（前出）は，複合金属を活用した水素生成技術を開発中のス

図表7-4-2　J-KISS型新株予約権の発行条件の例（アルファエナジー社）

項目	数値
発行価額	120百万円（12,000円×10,000個）
株式の種類	普通株または種類株
交付株式数	発行価額を以下のうちいずれか低い数で除した数 ①　次回株式資金調達における株価×0.8 ②　評価上限額360百万円を完全希釈化後株式数30,000で除した金額（12,000円）
転換期限	18か月後
支配権移転等に伴う買戻し	発行価格の2倍（240百万円）
権利行使価格	1円

8　なお，この手法においては，J-KISSの交付株式として，優先株が交付されるか，普通株が交付されるかという情報については未知という前提で，両者の価値の差異は考慮していない。

タートアップ企業であり，創業後1.5年間しか経過していないシードステージのスタートアップ企業である（Case 6‐2‐1においては，創業後3年経過したアーリーステージを想定した）。同社は，今後研究開発活動を本格化するために必要な機材と当面の人件費をカバーするため，J-KISS型新株予約権の発行により120百万円を調達した。J-KISSの引受先は，燃料電池関係の事業部門をグループ内に持ち，アルファエナジー社の技術に興味を示す上場企業XYZ社であったが，J-KISS引受けから3か月後，監査法人の要請により時価評価を行うこととなった。

　アルファエナジー社が発行したJ-KISSの概要は以下のとおりである。なお，同社の既存の資本は20,000株の普通株式で構成されている。

　これまでのケースと同様，オプションプライシング法による評価プロセスは以下のようなステップに従う。

ステップ1：モデル構造の設計

　オプションプライシング法において，企業価値を分配するための計算モデルを設

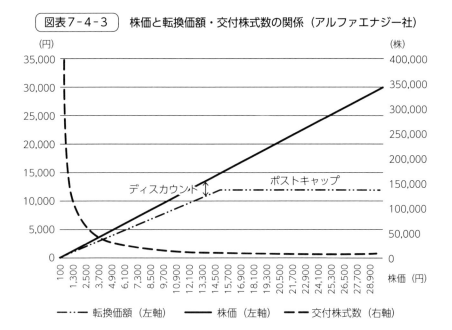

図表7‐4‐3　株価と転換価額・交付株式数の関係（アルファエナジー社）

計する。上記の発行条件に基づくと，株価と転換価額，交付株式数の関係は**図表7-4-3**のようになる。例えば，株価が8,000円の場合，転換価額は6,400円（＝8,000円×0.8）となり（株価と転換価額の差額1,600円がディスカウント相当），交付株式数は18,750株（＝120百万円÷6,400円）である。株価が上昇するにつれ転換価額も高くなり，交付株式数は減少する。株価が15,000円に達すると，それ以降は転換価額のキャップ12,000円（＝15,000円×0.8）が適用され，交付株式数は10,000株（＝120百万円÷12,000円）で一定となる。

　次に，J-KISSに投資したXYZ社のペイオフと企業価値の関係について検討すると，企業価値が450百万円に至るまでは，計算上，J-KISSのペイオフは約150百万円でほぼ一定となる。例えば，株価8,000円の場合，上記のとおり交付株式数は18,750株であるから，普通株20,000株と合計した38,750株を乗じて企業価値は310百万円（＝8,000円×38,750株）となるが，この場合，J-KISSのペイオフは150百万円（＝

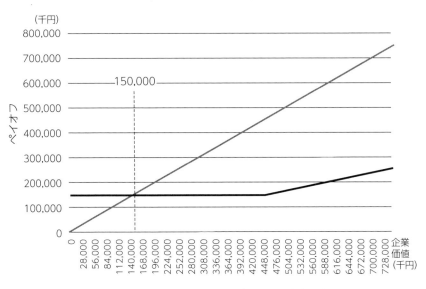

図表7-4-4　J-KISSのペイオフ（計算上）と企業価値の関係（アルファエナジー社）

18,750株×（8,000円－1円））[9]である。株価が15,000円の時，同様の計算により企業価値は450百万円であるが，上記のとおり交付株式数は10,000株であるため，J-KISSのペイオフはやはり150百万円（＝15,000円×10,000株）となる。

　企業価値が450百万円を超えると，交付株式数は10,000株で一定であるが，株価上昇のインパクトが反映され，ペイオフは右肩上がりに上昇する。しかし**図表7-4-4**からは，企業価値の伸びと比べると，ペイオフの伸びは穏やかであることが明らかである。これは既存株主への分配があるためで，J-KISSのペイオフの増分は企業価値増分に対し，J-KISSの交付株式数（10,000株）と既存株式数（20,000株）の比率である33.3％を乗じたものに等しくなる。

　なお，上記で注意すべき点は，企業価値が150百万円以下の水準においては，計算上のJ-KISSのペイオフがアルファエナジー社の企業価値を上回っていることである。このような状況は通常成り立たないから，企業価値が150百万円を下回る場合，ペイオフの上限は企業価値（正確には普通株持分を控除した金額）であると考えることができる。現実的にも，このような状況の下では次回資金調達は発生せず，転換期限後に普通株に転換すると想定することが合理的である。したがって，実際のJ-KISSのペイオフと企業価値の関係は，**図表7-4-5**のように描くことができる。なお便宜上，企業価値150百万円までのペイオフをペイオフA，同150百万円から450百万円までについてはペイオフB，それ以降はペイオフC，これらを合計したものをペイオフABCと呼ぶ。

ステップ2：ブレークポイントにおける残余財産優先分配権（LP）の計算

　上記のようなペイオフの構造を前提とすると，次回資金調達というみなし清算イベントにおいて，企業価値がゼロから150百万円（ブレークポイント1）までの段階においてはJ-KISSに残余財産が100％分配される。次に，企業価値が150百万円から450百万円（ブレークポイント2）までの領域について検討すると，この領域ではJ-KISSには残余財産は分配されず，すべて普通株に分配される。さらに，これを超えた領域では，J-KISS投資家は，J-KISSの交付株式数（10,000株）と既存株式数（20,000株）の比率に従った企業価値の分配を受ける。

9　正確には149.981百万円。

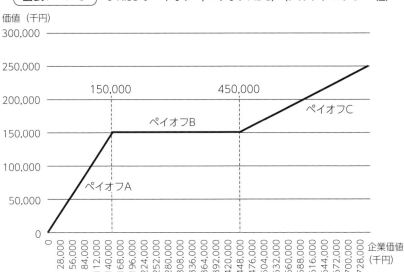

図表7-4-5 J-KISSのペイオフ（ペイオフABC）（アルファエナジー社）

ステップ3：ブラックショールズ式へのインプットの設定

次に，ブラックショールズ式に入力すべき要素を設定する。まず，原資産である
アルファエナジー社の企業価値は，VCメソッド（第3章第5節を参照）によって
230百万円と評価した。行使価格は上記のとおり，ブレークポイント1について150
百万円，ブレークポイント2については450百万円である。オプションの期間は転換
期限が到来する15か月（1.25年）後とする。ボラティリティについては，90％と推
定する。リスクフリーレートは1％，配当利回りは0％である。これらに基づきオプ
ション価値を計算すると，**図表7-4-6**のとおり，ブレークポイント1については
120百万円，ブレークポイント2については46百万円となる。

ステップ4：オプション価値差分の計算

ここでは，LPが変化することに伴う（すなわちブレークポイントが進むことに伴
う）オプション価値の差分を計算する。まず，出発点として，上述のとおりLP（行
使価格）がゼロの場合のオプション価値は企業価値（230百万円）に等しいから，
LPがゼロからブレークポイント1における150百万に上昇することに伴うオプショ

| 図表7-4-6 | オプションプライシング法に基づく評価例（アルファエナジー社） |

ブレークポイント	合計	1	2	終期
企業価値		230,000	230,000	
行使価格		150,000	450,000	
ボラティリティ		90%	90%	
リスクフリー金利		1%	1%	
配当利回り		0%	0%	
満期までの期間		1.25	1.25	
d (1)		0.94	−0.15	
d (2)		−0.07	−1.16	
オプション価値	230,000	119,913	46,273	
オプション価値差分		110,087	73,640	46,273
(配分率)				
J-KISS		100%		33%
普通株			100%	67%
合計		100%	100%	100%
(オプション価値増分分配)				
J-KISS	125,511	110,087	0	15,424
普通株	104,489	0	73,640	30,849
合計	230,000	110,087	73,640	46,273

ン価値の差分は，ステップ3の結果に基づき110百万円（＝230百万円−120百万円）である。同様にして，ブレークポイント2におけるオプション価値46百万円とブレークポイント1に係るオプション価値の120百万円との差額74百万円は，LPが150百万円から450百万円まで上昇したことに伴うオプション価値の変化を表している。LPが450百万円以上となるシナリオについてのオプション価値差分は，ブレークポイント2におけるオプション価値46百万円と等しくなる。

ステップ5：オプション価値差分の分配

　ステップ5は，ステップ4で求めたオプション価値差分を各資本区分に分配するプロセスである。まず，ブレークポイント1までのオプション価値差分は，そのすべてをJ-KISSに分配する（ペイオフAに相当）[10]。その後，ブレークポイント2まではオプション価値差分が普通株へ100％分配され，J-KISSへの分配はなし（ペイオフB

に相当），さらにその後はJ-KISSへの交付株式数の全体株式数に対する比率に基づき，オプション価値差分の33.3％（＝10,000株÷（10,000株＋20,000株））がJ-KISSに分配され（ペイオフCに相当），残りが普通株に分配される。このような考え方に基づきオプション価値差分を分配し，分配後の金額を合計すると，**図表7-4-6**のとおり，J-KISSは126百万円，普通株は104百万円となる（合計は企業価値230百万円に等しい）。

ステップ6：M&A発生時の買戻しに係る調整

次に，J-KISSの発行条件のうち，支配権移転を伴う取引が発生した場合，J-KISS発行価格の2倍（240百万円）の払戻しを行うという項目について検討する。

アルファエナジー社にヒアリングしたところ，潜在的なM&Aの買手が複数存在し，一定のKPIが達成された場合には，M&Aの対象となる可能性があるという情報を得た。また，アルファエナジー社とのディスカッションにより，上記のKPIが達成された場合，企業価値が450百万円以上となることが合理的に推定できた。このため，J-KISS評価のための前提として，企業価値が450百万円以上となった場合，30％の確率でM&Aが発生すると想定する。

ここで，企業価値が450百万円を上回る確率は，ボラティリティ（標準偏差）90％を前提とすると，標準正規分布表から14.5％と推定できる（**図表7-4-7**）。現時点の企業価値230百万円を平均とし，企業価値450百万円までの変化率を標準偏差で割ると，1.06（＝{（450－230）÷230}÷90％）となる。これをz値というが，標準正規分布表を参照すると，このz値に対応する確率として14.5％を得る。この確率は，**図表7-4-7**においてグレーで網掛けした部分にデータが存在する確率である。さらに，企業価値が450百万円を上回る場合にM&Aが発生する確率は上記のとおり30％だから，M&A発生時の買戻しの期待値は10.4百万円（＝240百万円×14.5％×30％）となる。

---

10 厳密にいえば，ペイオフAの段階においては，J-KISS投資家への交付株式の他，既存の普通株も存在する。しかし，J-KISSの交付株式が優先株の場合，普通株の存在は考慮の必要がない。交付株式が普通株の場合，残余財産（オプション価値差分）のすべてがJ-KISS投資家に分配されるわけではない。しかし，企業価値が小さくなるほどJ-KISSへの交付株式数が増加するため，現実的にはJ-KISS投資家への分配比率はほぼ100％となる。例えば，企業価値が150百万円の水準では，J-KISS投資家への分配率は98.7％であるが，企業価値がゼロに近づくにつれて，分配率は100％に収束していく。

図表7-4-7　標準正規分布表に基づく確率推定の例（アルファエナジー社）

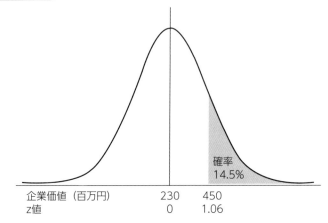

企業価値（百万円）	230	450
z値	0	1.06

確率
14.5%

　なお，ステップ5で計算したJ-KISS投資家へのオプション価値差分分配額のうち，ペイオフCに係る金額は15.4百万円であったが，上記前提との関係で調整を加える必要がある。すなわち，企業価値が450百万円以上となる場合，次回資金調達が発生する確率は必然的に70％（＝1－30％）となるから，上記ペイオフCに係るオプション価値差分分配額は10.8百万円（＝15.4百万円×70％）となる（なお，企業価値が450百万円以上となる確率14.5％については，すでにブラックショールズ式による計算過程で反映されているため考慮しない）。

　以上より，アルファエナジー社のJ-KISSは，オプションプライシング法による価値合計額121百万円（＝110百万円＋10.8百万円）およびM&A発生時買戻額の期待値である10.4百万円の合計131百万円と算定された。

図表7-4-8　オプションプライシング法によるJ-KISS価値の評価例
（アルファエナジー社）

	合計	ペイオフA	ペイオフB	ペイオフC
OPM法に基づく価値	120,884	110,087	0	10,797
M&A発生時買戻し	10,411			
合計	131,295			

第5節　新株予約権付融資の評価

（1）　イールドメソッドによる評価の概要

　第1章で述べたように，わが国においても近年ベンチャーデットの活用が進みつつあるが，その中でも金融機関からの融資条件の1つとして新株予約権の交付を加えた新株予約権付融資が注目を集めている。一般的企業と比較してスタートアップ企業のリスクは高く，その測定も困難であるため，金融機関としてはリスクを補完する方法として新株予約権を取得する必要がある。恒常的にキャッシュが不足するスタートアップ企業としても，リスクに見合う高金利を支払うことは困難であり，金利支払の一部を新株予約権により代替することはメリットがある。

　新株予約権付融資の構造は，融資部分と新株予約権（オプション）部分に分解できるため，その評価もこれらの評価の組み合わせとして理解できる。融資部分については，社債の評価と同様，将来獲得できる元利金を適切な割引率で割り引くことで評価が可能である（このような手法をイールドメソッドという）。ここで，スタートアップ企業について問題となるのは，クレジットリスクの測定が困難であることである。スタートアップ企業は通常，格付けを取得していないし，信用リスク評価モデルなどを利用する場合に必要となる財務情報も十分でない。とはいえ，比較的後期（エクスパンションまたはレイター）の企業については，類似上場企業のクレジットスプレッドや破綻リスクに係る情報などを利用して推定できる場合がある（Case 5-2-3参照）。

　仮にクレジットリスクの推定が可能であるとしても，スタートアップ企業に対する新株予約権付融資の金利はそれに見合う水準よりも低いものとなることが多い（日本政策金融公庫の場合は執筆時点で2.5%が上限である）。したがって，クレジットリスクを反映した負債コストを割引率として用いると，現在価値としての融資部分の評価は元利金の合計よりも小さくなる場合がある。

　これを埋め合わせるのがオプション部分の価値である。新株予約権付融資に付随する新株予約権は，一般的には，発行日から償還期限までいつでも行使可能であり，現実的には上場が実現してから償還期限までの期間となる。このため，正確にはアメリカンオプションとして扱うべきであるが，実際の行使タイミングとしては上場時点と想定することが合理的であるから，上場が比較的近い将来に計画されているスタートアップ企業については，ブラックショールズ式を利用してオプション評価を行うことが可能となる。

　行使タイミングが合理的に推定可能であればオプション期間が定まるが，ブラックショールズ式に代入するインプットとして，この他，株式の時価，ボラティリティ，リスクフリーレート，配当利回りにつき，合理的な数値を用意する必要がある。

（2）　オプションプライシング法による評価の概要

　シードまたはアーリーステージなど，事業ステージが早期のスタートアップ企業については，クレジットスプレッドの分析はことさら困難である場合が多く，適切な割引率が得にくいことからイールドメソッドの適用可能性が限られる。このような場合，負債の価値を簡易的に推定する手法として，上記で紹介したオプションプライシング法の利用が考えられる。

　すなわち，負債は通常，普通株，優先株よりも優先的な残余財産分配権を有する一方，企業価値が上昇した場合でも元利金以上のキャッシュフローを得られず，アップサイドの利益がないから，企業価値とペイオフの関係は図表7-5-1のように描くことができる。

　さらに，新株予約権付融資は一般的な負債にコールオプションを追加したものとして考えることができるから，企業価値とペイオフの関係は図表7-5-2のとおりとなる（一般的な条件に従い，株式の時価を行使価格とする）。ここでコールオプション部分（ペイオフC）の直線の傾きが企業価値の直線よりも緩やかなのは，予約権割合を反映しているためである。こうして見ると，新株予約権付融資のペイオフは，結局のところ，優先株やJ-KISSのそれと類似した

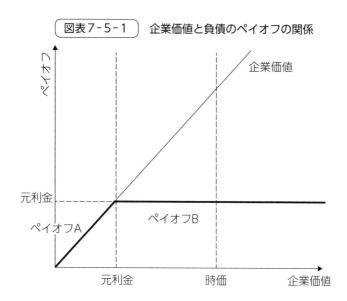

図表7-5-1　企業価値と負債のペイオフの関係

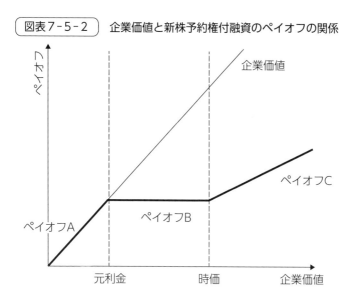

図表7-5-2　企業価値と新株予約権付融資のペイオフの関係

ものであることが理解できる。

　したがって，新株予約権付融資は優先株などと同様，オプションプライシング法を利用して評価することができる。すなわち，償還期限や将来のIPO予定時期などをみなし清算時点として設定し，その時点の企業価値がゼロから次第に増加していく様子をコップから流れ出る水（**図表7-1-1参照**）としてイメージすると，水はまず新株予約権付融資の融資部分の容器を満たすと，あふれ出た水はさらに普通株の容器を満たすよう流れていく。これらをすべて満たしてもまだ残余の水がある場合，最後の容器において，普通株と新株予約権部分の区分にそれぞれの株数に応じた比率で分配される。

　負債の評価についてオプションプライシング法を利用することは，これまで実務であまり一般的ではなかったが，シードやアーリーステージの企業などクレジットスプレッドの推定が困難なスタートアップ企業については，検討の余地がある。ただし，留意すべき点は，イールドメソッドと比べると，負債の元本や金利の大きさによって評価が変わりうるところである。つまり，オプションプライシング法において，負債の元利金は行使価格としての意味を持つから，それらの大小によってオプションの価値が変化する。具体的な評価プロセスについては以下のCase 7-5-1で解説するが，簡単にいえば，オプションプライシング法においては，企業価値との対比において元利金が相対的に大きくなればなるほど，負債の価値は低くなる。この点，イールドメソッドにおいては一定の負債コストを前提とすると，元利金の大小は負債の評価に影響を与えないため，オプションプライシング法の結果と不整合が生じる場合がある。しかし，本来は負債コストの分析において資本構成が考慮されるべき[11]であり，負債の水準が大きいほど，負債コストは高くなるから，上記のオプションプライシング法の仕組みは一定の合理性を有するといえ，どちらの手法がより適切であるかはケースにより判断を要するといえる。

11　例としてインタレストカバレッジ・レシオに基づくシンセティック・レーティング（図表5-2
　-18）など参照。

> **Case7-5-1**　イールドメソッドによる新株予約権付融資の評価例
> 　　　　　　　（アルファジーン社）

　アルファジーン社はシリーズAによる資金調達の後，追加的な研究開発プロジェクトのための資金として金融機関からの借入れを行うことを決定し，ベンチャーデット分野で定評のあるベータガンマ銀行に対して融資の申込みを行った。当初の協議時の基本的な融資条件（シナリオ1）は以下のとおりである。

> **図表7-5-3**　新株予約権付融資の条件の例（アルファジーン社，シナリオ1）

項目	価値
融資金額	300百万円
期間	5年間
金利	3.3%
（新株予約権）	
行使価格	新株予約権取得時の株式の時価
発行価額	0円
行使期間	新株予約権発行日から償還期限まで
予約権割合	20%（行使価額の総額/融資金額）

　ベータガンマ銀行は次のようなステップに基づき，アルファジーン社に対する融資条件の検討を行った。なお，アルファジーン社は3年後のIPOを予定している。

ステップ1：負債コストの推定

　ベータガンマ銀行は，アルファジーン社の負債コストを推定するため，Case4-2-1と同様の手続により比較可能企業7社（O社～U社）を選定した。そのうち有利子負債を有する4社（P社，Q社，S社，T社）について，財務指標などに基づき負債コストを推定したところ，クレジットスプレッドの平均値は1.80%であった。これに基づき，3年後の上場以降のアルファジーン社の負債コストを推定すると，現状のリスクフリーレート1.00%を適用して，2.80%となった。

図表7-5-4 比較可能企業の負債コスト（アルファジーン社）

企業	リスクフリーレート	クレジットスプレッド	合計
P社	0.95%	2.85%	3.80%
Q社	1.05%	0.85%	1.90%
S社	0.95%	1.60%	2.55%
T社	1.00%	1.90%	2.90%
平均値	0.99%	1.80%	2.79%
アルファジーン社	1.00%	1.80%	2.80%

　上記の2.8％は，アルファジーン社が今後順調に成長し，上場を果たした場合の負債コストである。上場までの3年間，アルファジーン社の事業環境はより高いリスクを伴うものである。したがって，当初の3年間については，上場を前提とする負債コスト2.8％に，破綻リスク相当のスプレッドを追加する必要がある。ベータガンマ銀行は，今後3年間のアルファジーン社の破綻リスク（年間）を図表7-5-5のように推定し，それに基づく負債コストを簡易的に算定した。例えば1年目の負債コストは，5.2％（＝[1÷(1－2.3％)－1]＋2.8％）となる。

図表7-5-5 負債コストの推定例（アルファジーン社）

年	破綻考慮前負債コスト	破綻リスク	負債コスト
Year 1	2.8%	2.3%	5.2%
Year 2	2.8%	1.5%	4.3%
Year 3	2.8%	0.7%	3.5%
Year 4	2.8%		2.8%
Year 5	2.8%		2.8%

ステップ2：融資部分の評価

　新株予約権付融資は，一般的な融資と新株予約権の2つの部分に分解できる。まず融資部分について評価を行うと，評価時点（2024年1月1日）以降の元利金の支払スケジュールは図表7-5-6のとおりとなる。半年ごとの金利支払は4.95百万円（＝300百万円×3.3％÷2）であり，5年後に元金を返済する。これらの元利金支

払に係るキャッシュフローを**図表 7-5-4**の負債コストを割引率として現在価値に還元する。例えば，2025年 6 月30日の金利4.95百万円の現在価値は4.61百万円（＝4.95百万円×[1 ÷ (1 ＋5.2％)$^{0.5}$]×[1 ÷ (1 ＋5.2％)$^{0.5}$]×[1 ÷ (1 ＋4.3％)$^{0.5}$]）となる。同様に他の期日の金利支払と償還時の元本返済につき現在価値を計算して合計すると，融資部分の価値はこれらを合計して，294百万円となる。

（ 図表 7-5-6 ）　融資部分の評価例（アルファジーン社・シナリオ 1 ）

(千円)

	元本	金利	合計	割引率	現価係数	現在価値
2024/ 6 /30		4,950	4,950	5.2％	0.97	4,826
2024/12/31		4,950	4,950	5.2％	0.95	4,705
2025/ 6 /30		4,950	4,950	4.3％	0.93	4,607
2025/12/31		4,950	4,950	4.3％	0.91	4,511
2026/ 6 /30		4,950	4,950	3.5％	0.90	4,434
2026/12/31		4,950	4,950	3.5％	0.88	4,359
2027/ 6 /30		4,950	4,950	2.8％	0.87	4,299
2027/12/31		4,950	4,950	2.8％	0.86	4,240
2028/ 6 /30		4,950	4,950	2.8％	0.84	4,182
2028/12/31	30,000	4,950	304,950	2.8％	0.83	254,090
合計		49,500	349,500			294,255

ステップ 3 ：オプション部分の評価

　次にオプション部分の評価を行う。Case 4-2-1 で求めたアルファジーン社の企業価値（株式価値）は4,731百万円であったが，これを完全希釈化後の株式総数63,000株で除した75千円が 1 株当たりの株式価値となる。オプション期間はIPOまでの期間として予定されている 3 年とする。その他，比較可能企業のデータに基づきボラティリティ（70％）を推定し，リスクフリーレート（ 1 ％），配当利回り（ 0 ％）についても**図表 7-5-7**のとおり設定する。これらをブラックショールズ式に代入して， 1 株当たりのオプション価値35千円を得る。

　当初協議時点の予約権割合は20％であったから，ベータガンマ銀行に対するオプションの割当数は800個（＝300百万円×20％÷75千円）である。したがって，オ

プションの価値は27.8百万円（＝35千円×800）となる。

図表7-5-7　オプション価値の計算例（アルファジーン社・シナリオ1）

(千円)

項目	数値
株式価値	75
行使価格	75
ボラティリティ	70%
リスクフリーレート	1%
配当利回り	0%
期間（年）	3
d（1）	0.63
d（2）	−0.58
コールオプション価値	35
割当数	800
合計額	27,828

ステップ4：新株予約権付融資の評価

　ステップ2で計算した融資部分の評価額294百万円と，ステップ3で計算したオプション部分の評価額27.8百万円の合計322百万円が新株予約権付融資の評価額となる。この金額から元本300百万円を控除した22百万円がベータガンマ銀行にとっての純現在価値（NPV）であり，取引は同行にとって経済的に合理性を有するといえる。

ステップ5：追加的検討

　上記の分析に基づき，ベータガンマ銀行が当初協議の条件で融資可能との意向をアルファジーン社に連絡したところ，アルファジーン社から当初協議の条件のうち金利（3.3％）についてはキャッシュマネジメントの観点から受入れが困難なため，引き下げてほしいとの要請があった。ベータガンマ銀行はこれを受け，金利を2.5％に引き下げる代わりに，予約権割合を30％に高めるシナリオ（シナリオ2）について検討した。検討にあたっては，上記と同様のプロセスに従い，融資部分とオプション部分について評価を行い，これらの合計として新株予約権付融資の評価を行った。

図表7-5-8　　新株予約権付融資の条件の例（アルファジーン社，シナリオ2）

項目	価値
融資金額	300百万円
期間	5年間
金利	2.5%
（新株予約権）	
行使価格	新株予約権取得時の株式の時価
発行価額	0円
行使期間	新株予約権発行日から償還期限まで
予約権割合	30%（行使価額の総額/融資金額）

　その結果，融資部分とオプション部分の評価はそれぞれ，284百万円，41.7百万円，合計325百万円となった。当初のシナリオ1の条件（金利3.3%，予約権割合20%）と比べると，融資部分の評価は下がるものの，オプション部分は予約権割合が上昇することにより，割当数が1,200個（＝300百万円×30%÷75千円）に増加するため，価値が高まる。この結果，全体的な評価はシナリオ1とほぼ同水準でありNPVもプラスであるため，ベータガンマ銀行にとって受入可能なものであった。アルファ

図表7-5-9　　融資部分の評価例（アルファジーン社・シナリオ2）

（千円）

	元本	金利	合計	割引率	現価係数	現在価値
2024/6/30		3,750	3,750	5.2%	0.97	3,656
2024/12/31		3,750	3,750	5.2%	0.95	3,565
2025/6/30		3,750	3,750	4.3%	0.93	3,490
2025/12/31		3,750	3,750	4.3%	0.91	3,418
2026/6/30		3,750	3,750	3.5%	0.90	3,359
2026/12/31		3,750	3,750	3.5%	0.88	3,302
2027/6/30		3,750	3,750	2.8%	0.87	3,257
2027/12/31		3,750	3,750	2.8%	0.86	3,212
2028/6/30		3,750	3,750	2.8%	0.84	3,168
2028/12/31	30,000	3,750	303,750	2.8%	0.83	253,091
合計		37,500	337,500			283,518

ジーン社に対して提案したところ，同社も受入可能であったため，最終的にシナリオ2の条件で取引が実施された。

図表7-5-10　オプション価値の計算例（アルファジーン社・シナリオ2）

（千円）

項目	数値
普通株価値	75
行使価格	75
ボラティリティ	70%
リスクフリーレート	1%
配当利回り	0%
期間（年）	3
d(1)	0.63
d(2)	−0.58
コールオプション価値	35
割当数	1,200
合計額	41,742

図表7-5-11　シナリオ1とシナリオ2の比較（アルファジーン社）

条件	シナリオ1	シナリオ2
融資部分	294,255	283,518
オプション部分	27,828	41,742
合計額	322,082	325,259

Case7-5-2 オプションプライシング法による新株予約権付融資の評価例（アルファジーン社）

上記の設例（Case7-5-1）において，アルファジーン社からの融資申込みに対して，ベータガンマ銀行は，最終的に金利2.5％，新株予約権割合30％の条件（シナリオ2）で融資を実施することとなったが，融資承認の判断に至るまでのプロセスに

おいて，ベータガンマ銀行の審査チームはシナリオ 2 の条件の妥当性を再確認するため，代替的な手法であるオプションプライシング法に基づく分析を実施した。オプションプライシング法による分析プロセスは以下のとおりである。

ステップ 1 ：モデル構造の設計

　ベータガンマ銀行は，アルファジーン社に対する新株予約権付融資を融資部分と新株予約権（オプション）部分に分解し，融資部分については優先株と同様，残余財産に対して普通株に優先して取得する権利を持つものと想定する（アルファジーン社の資本構成は，新株予約権付融資を除いては，普通株のみで構成される）。オプション部分については，基本的なコールオプションであり，株式価値が現在の時価 4,840 百万円（1 株当たり 75 円）を上回ると，行使価格（現在の時価に等しい）との差を利益として得る。

ステップ 2 ：ブレークポイントにおける残余財産優先分配権（LP）の計算

　上記のとおり，アルファジーン社の企業価値は，新株予約権付融資の融資部分とオプション部分，および普通株で構成されていると考えられる。企業価値がゼロから融資部分の元利金相当 338 百万円（＝300 百万円×（1 ＋2.5％× 5））（ブレークポイント 1 ）までの領域においては，融資部分が優先的取得権を持ち，企業価値の 100％が配分される。上記元利金相当 338 百万円から現時点の株式価値 4,731 百万円（ブレークポイント 2 ）に至るまでのレンジにおいては，融資部分は参加権がなく，普通株に残余財産が 100％配分される。さらに，これを超える領域においては，オプション部分が予約権割合 30％に基づく交付株式数 1,200 と完全希薄化後株式数 63,000 の比率 1.9％（＝1,200÷63,000）に基づき残余財産の配分を受け，それ以外は普通株に配分される。

ステップ 3 ：ブラックショールズ式へのインプットの設定

　次に，ブラックショールズ式に入力すべき要素を設定する。まず，融資部分について，行使価格は上記のとおりブレークポイント 1 における 338 百万円である。満期までの期間は償還期限である 5 年，その他のインプットである企業価値（4,731 百万円），リスクフリーレート（1％），配当利回り（0％）は Case 7－5－1 と同じ数値

を適用する。

　新株予約権（オプション）部分についても同様に，4,731百万円（ブレークポイント2）を行使価格とし，その他のインプットはCase7-5-1と同じ数値を使用するが，満期までの期限のみ，償還期限の5年ではなく，予定するIPOまでの3年間を適用することに留意する。これらのインプットをブラックショールズ式に代入すると，**図表7-5-12**のとおり，ブレークポイント1におけるオプション価値は4,437百万円，ブレークポイント2におけるオプション価値は2,194百万円となる。

ステップ4：オプション価値差分の計算

　上記ステップ3で計算したオプション価値が，LPの変化に伴い（つまりブレークポイントが進むことに伴い）どのように変化していくかを分析する。まず，LPがゼロの場合のオプション価値が出発点となるが，行使価格（LP）がゼロである場合のオプション価値は原資産の価値，すなわち企業価値の時価（4,731百万円）に等しい。したがって，企業価値4,731百万円と，ブレークポイント1におけるオプション価値4,437百万円との差294百万円が，LPがゼロから338百万円に上昇することに伴うオプション価値の差分である。同様に，ブレークポイント2におけるオプション価値2,194万円とブレークポイント1に係るオプション価値4,437百万円との差額2,243万円が，LPが338百万円から4,731百万円に上昇することに伴うオプション価値差分である。LPが4,731百万円以上となるシナリオについてのオプション価値差分は，ブレークポイント2におけるオプション価値2,194百万円と等しくなる。

ステップ5：オプション価値差分の分配

　ステップ5は，ステップ4で求めたオプション価値差分を各資本区分に分配するプロセスである。すなわち，融資部分についてはブレークポイント1までは企業価値増加分のすべてが分配される。その後ブレークポイント2までは普通株100％，さらにその後は普通株と新株予約権に分配され，分配に係る比率は上記のとおり，それぞれ98.1％，1.9％である。

ステップ6：新株予約権付融資の評価

　上記に従って，オプション価値差分を分配し分配後の金額を合計すると，**図表7-**

5-12のとおり，融資部分は294百万円，普通株は4,395百万円，新株予約権部分は42百万円となる（合計は企業価値4,731百万円に等しい）。したがって，新株予約権付融資の評価額は336百万円（＝294百万円＋42百万円）である。

　ベータガンマ銀行の審査チームは，オプションプライシング法による評価結果が，イールドメソッドの評価結果（325百万円）とほぼ同水準（または若干上回る水準）であったことから，アルファジーン社に対する上記の融資条件（シナリオ2）は合理的であると判断した。

図表7-5-12　オプションプライシング法に基づく評価例（アルファジーン社，シナリオ2）

(千円)

ブレークポイント	合計	1	2	終期
企業価値	4,731,452	4,731,452	4,731,452	4,731,452
行使価格		337,500	4,731,452	
ボラティリティ		70%	70%	
リスクフリーレート		1%	1%	
配当利回り		0%	0%	
満期までの期間		5	3	
d (1)		2.50	0.63	
d (2)		0.94	-0.58	
オプション価値	4,731,452	4,437,200	2,194,426	
オプション価値差分		294,252	2,242,774	2,194,426
（ブレークポイントに至るまでの率）				
融資部分		100%	0%	0%
普通株		0%	100%	98.1%
オプション部分		0%	0%	1.9%
合計		100%	100%	100%
（オプション価値差分分配）				
融資部分	294,252	294,252	0	0
普通株	4,395,401	0	2,242,774	2,152,628
オプション部分	41,799	0	0	41,799
合計	4,731,452	294,252	2,242,774	2,194,426
新株予約権付融資	336,051			

〈参考文献〉

AICPA, "Valuation of Portfolio Company Investments of Venture Capital and Private Equity Funds and Other Investment Companies – Accounting and Valuation Guide", AICPA, June 2018.

Antonella Puca, "Early Stage Valuation: A Fair Value Perspective", Wiley, 2020.

Aswath Damodaran, "The Dark Side of Valuation: Valuing Young, Distressed, and Complex Businesses", Third Edition, Pearson FT Press, 2018.

National Association of Certified Valuators and Analysts, "Fundamentals, Techniques & Theory", Chapter Five Capitalization/Discount Rates, http://edu.nacva.com/preread/2012BVTC/2012v1_FTT_Chapter_Five.pdf.

Z. C. Mercer and T. W. Harms, "Business Valuation: An Integrated Theory", Third Edition, Wiley, 2020.

アスワス・ダモダラン著, 長尾慎太郎監修, 藤原玄訳『企業に何十億ドルものバリュエーションが付く理由 – 企業価値評価における定性分析と定量分析』(パンローリング, 2018年)

池谷誠『特許権侵害における損害賠償額の適正な評価に向けて』(一般社団法人日本図書館事業協会, 2018年)

磯崎哲也『増補改訂版 起業のエクイティ・ファイナンス』(ダイヤモンド社, 2022年)

一般財団法人ベンチャーエンタープライズセンター「ベンチャー白書2022」

経済産業省「コンバーティブル投資手段」に関する研究会「「コンバーティブル投資手段」活用ガイドライン」2020年12月28日

経済産業省「大企業×スタートアップのM&Aに関する調査報告書」2021年3月

鈴木一功「M&Aの企業価値評価に用いられるサイズ・プレミアムの推定手法とmigrationに関する考察」早稲田大学ビジネス・ファイナンス研究センターワーキングペーパーシリーズ(2019年4月)

鈴木一功『企業価値評価【入門編】』(ダイヤモンド社, 2018年)

中小企業庁「中小企業白書 小規模企業白書 2023年版 上 変革の好機を捉えて成長を遂げる中小企業」2023年4月

日本公認会計士協会経営研究調査会研究報告第32号「企業価値評価ガイドライン」最終改正2013年7月3日

日本公認会計士協会経営研究調査会研究報告第70号「スタートアップ企業の価値評価実務」2023年3月16日

リチャード・ブリーリー, スチュワート・マイヤーズ, フランクリン・アレン著, 藤井眞理子, 國枝繁樹監訳『コーポレートファイナンス 第10版 上』(日経BP社, 2014年)

索　引

【著者紹介】

池谷 誠（いけや まこと）

アルファフィナンシャルエキスパーツ株式会社マネージングディレクター。デロイト トーマツ ファイナンシャルアドバイザリー合同会社バリュエーション・モデリング・エコノミクス部門マネージングディレクター等を経て現職。M&A，会計，税務目的での株式や種類株，デリバティブ等金融商品の評価の他，株式買取請求事件を含む会社訴訟，証券訴訟，知財訴訟などでの公正価値や損害評価に係る専門家として各種事件に関与した経験を多く有する。

著書に『論点詳解 係争事案における株式価値評価（第2版）』（中央経済社，単著），『証券訴訟の経済分析』，『移転価格の経済分析』（中央経済社，ともに共著）など。

コロンビア大学国際関係学修士（国際金融・ビジネス専攻），上智大学経済学部卒。

スタートアップ・バリュエーション
起業家・投資家間交渉の基礎となる価値評価理論と技法

2023年12月15日　第1版第1刷発行	
2024年7月10日　第1版第4刷発行	

著　者　池　谷　　　　誠

発行者　山　本　　　　継

発行所　㈱中　央　経　済　社

発売元　㈱中央経済グループ　　　　パブリッシング

〒101-0051　東京都千代田区神田神保町1-35
電話　03（3293）3371（編集代表）
　　　03（3293）3381（営業代表）
https://www.chuokeizai.co.jp
印刷／東光整版印刷㈱
製本／誠　製　本　㈱

© 2023
Printed in Japan

＊頁の「欠落」や「順序違い」などがありましたらお取り替えいたしますので発売元までご送付ください。（送料小社負担）

ISBN978-4-502-48191-8　C3034